HISTOIRE

DU

DROIT DE SUCCESSION

EN FRANCE, AU MOYEN-AGE.

PARIS. — IMP. DE BAUQUELIN ET BAUTREUHE,
r. de la Harpe. 90.

HISTOIRE

DU

DROIT DE SUCCESSION

EN FRANCE, AU MOYEN-AGE,

PAR *ÉDOUARD GANS*,

PROFESSEUR DE DROIT A L'UNIVERSITÉ DE BERLIN,

TRADUITE EN FRANÇAIS

PAR L. DE LOMÉNIE,

Précédée d'une notice sur la vie et les ouvrages de GANS,

PAR

M. SAINT-MARC-GIRARDIN,

MEMBRE DE LA CHAMBRE DES DÉPUTÉS, DE L'ACADÉMIE FRANÇAISE
ET DU CONSEIL DE L'INSTRUCTION PUBLIQUE, ETC., ETC.

PARIS,

MOQUET, LIBRAIRE-ÉDITEUR, | CHALLAMEL, ÉDITEUR,
Cour de Rohan, 3, | Rue de l'Abbaye, 4,
Passage du Commerce. | Faubourg St-Germain.

1845

QUELQUES SOUVENIRS

sur M. Gans,

PAR M. SAINT-MARC-GIRARDIN.

———

Je viens de relire les lettres qui me restent de Gans et les notes que j'avais gardées de nos conversations à Berlin en 1830. Que cette lecture est triste! quel pénible retour sur la vie! et combien on en fait de ce genre, quand on est arrivé seulement à quarante ans! Que d'amis on a déjà vus tomber autour de soi! que de souvenirs! que d'affections éteintes par la mort, et dont il ne nous reste plus que des lettres écrites, hélas! dans tout l'entrain de la jeunesse, pleines de projets, pleines d'avenir, qu'on a lues autrefois en souriant de joie aux espérances d'un ami, et qu'on relit aujourd'hui avec un cruel serrement de cœur, quand on pense que de tant d'affections, de tant de bons et nobles sentiments, de tant d'ardentes émotions, de tant de vie, enfin, il ne reste plus rien, qu'au ciel une âme immortelle avec qui peut-être nous n'avons plus aucuns liens, et sur la terre une mémoire que le cours des années et les soins de chaque jour effaceront peu à peu du cœur des plus aimants!

Entre tous les amis que j'ai déjà perdus, un des plus regrettables et le plus illustre est Edouard Gans, né le 22 mars 1798 à Berlin, et mort dans cette ville le 5 mai 1839, dans sa quarante-deuxième année.

Quand j'arrivai à Berlin en 1830, je ne connaissais pas M. Gans, j'avais pour lui, non pas une lettre de recommandation, mais une de ces petites cartes de visite qui contiennent le nom du recommandant avec quelques mots sur le recommandé, et qui sont un des usages de l'Allemagne. Je n'ai pas grande confiance aux lettres de recommandation, qui ne sont souvent qu'un moyen d'accréditer un ennuyeux de Saint-Pétersbourg auprès d'un ennuyeux de Paris, et je laissai passer quelques jours sans remettre ma petite carte à M. Gans. Enfin je m'y décidai ; mais je ne le trouvai point. Il vint chez moi, j'étais sorti, et comme j'avais déjà rencontré quelques âmes charitables qui m'avaient dit beaucoup de mal de lui, je ne m'empressai pas de le chercher ; si bien que nous ne nous serions peut-être jamais vus, quand je le rencontrai chez quelqu'un où j'étais en visite. Nous nous accostâmes, nous sortîmes ensemble, nous nous mîmes à causer, et depuis ce moment je vis Gans tous les jours

Figurez-vous, en effet, pour un Français et un Français de Paris, qui allait à Berlin pour s'instruire, mais à qui le goût et le zèle de la science n'ôtaient pas toujours le regret du pays ; figurez-vous quel plaisir de rencontrer un Allemand qui aime la France avec passion, qui la connaît, qui sait causer, qui aime à causer, et qui, dans ses conversations spirituelles, éloquentes, variées, mêle l'érudition allemande à la vivacité française ; qui a tout lu, non pas, comme ses compatriotes, pour écrire de tout, mais pour causer de tout ! Tel était Gans. Dans nos longues causeries, *sous les tilleuls,*

Thiergarten, dans le petit jardin de *mon Bijou*, à Stalau, partout enfin où nous allions, Gans m'initiait à la connaissance de l'Allemagne, et m'y initiait par la méthode française, c'est-à-dire par la conversation. En France, nous méditons peu, mais nous causons beaucoup, et la conversation excite autant l'esprit que le ferait la méditation. La causerie, quand elle est bonne, et entre gens qui se valent, a même cet avantage sur la méditation, qu'elle est plus exigeante et oblige l'esprit à plus d'efforts ; car la méditation se contente de l'ébauche et souvent même de l'ombre de la pensée, tandis que la conversation exige de la pensée qu'elle arrive à s'exprimer clairement. Dans la méditation, une idée qui fermente paraît une pensée. Cette fermentation du cerveau n'est pas assez pour la conversation ; il lui faut une forme précise et nette : avec elle, les à peu près, les clairs-obscurs, les brouillards sont impossibles, et c'est un grand bien. J'ajoute que la causerie n'a pas seulement le mérite d'éclaircir la pensée ; elle la contrôle et la redresse. Le penseur de cabinet est seul, et, s'il se trompe, il ira sans être arrêté ni averti jusqu'au bout de son erreur ; le causeur est corrigé à l'instant par son interlocuteur.

« Vous autres Français, me disait un jour Gans, vous avez le génie oratoire. » Depuis que j'ai assisté régulièrement aux séances de nos assemblées, il m'est bien venu quelques doutes sur cette vérité. Mais ce n'était pas seulement des orateurs que Gans voulait parler ; il entendait, disait-il, cette facilité éloquente qui donnait tant de grâce à nos discours et à nos écrits. Le génie oratoire signifiait, pour lui, le génie de l'expression claire et nette, qui est vraiment le génie français, et Gans appréciait d'autant plus ce talent, qu'il l'avait, et que c'était-là une de ses supériorités. En Allemagne, le caractère même de la langue et les habitudes de méditation nuisent souvent à la pensée des écrivains et des professeurs. Gans a presque le premier porté dans la chaire cette parole éloquente et vive qui remue l'auditoire et fait arriver l'instruction par l'émotion. C'était encore une habitude française transportée en Allemagne par cet esprit tout pénétré des idées françaises.

Quand nous avions causé pendant quelques heures de l'Allemagne, à mon grand profit : « Çà, me disait Gans avec une joie et une gaieté d'écolier qui court à la récréation, çà, causons un peu de la France ; » et alors, revenant en esprit à Paris, nous causions des hommes et des choses de ce temps, qu'il connaissait aussi bien que moi. A ces moments, nous étions tellement de Paris, que je ne voudrais pas jurer qu'il n'y eût pas un peu de médisance dans nos causeries, ce qui n'était, après tout, disait Gans, que pour leur ôter leur goût de terroir allemand. J'ai retrouvé dans son *Coup d'œil rétrospectif sur les personnes et les circonstances* (*Ruckblicke auf Personen und Zustande*, Berlin, 1836), j'ai retrouvé bien des traits de nos conversations de Berlin. « Je connaissais la France, me disait Gans en me parlant de son premier voyage à Paris ; j'avais beaucoup étudié vos auteurs ; enfant, j'avais vu Napoléon à Berlin, et après la guerre, malgré les rancunes qui avaient survécu à la lutte, la France ne cessait de m'attirer, persuadé comme je l'étais qu'en dépit de ses défaites, c'était elle encore qui avait l'initiative dans le monde. Mes lectures et mes conversations m'avaient familiarisé avec tout ce qu'il y a d'important à Paris. Je savais même le nom de vos rues et de vos quartiers ; je connaissais les hommes, l'état des partis et les diverses écoles littéraires. Cependant il me manquait une notion essentielle, il me manquait d'avoir vu la France dans son ensemble. C'était après cela seulement que je pouvais rassembler toutes mes notions particulières, en faire un système général, et sortir du vague que laissent toujours les lectures et les études. On ne connaît pas un paysage pour en avoir lu la description, et on ne connaît pas un peuple pour avoir étudié ses institutions, ses livres, ses journaux. Rien ne remplace la vue des choses et des hommes. » *Ruckblicke*, p. 1.).

Gans vint donc à Paris en 1825. Il avait gardé de ce voyage les souvenirs les plus vifs et les plus intéressants. « En 1830 j'ai vu à Paris plus d'hommes et plus de choses qu'en 1825, me disait-il un soir à Vienne ; j'ai vu vos hommes d'État, j'ai vu la lune de miel de votre révolution de Juillet. J'ai plus observé et me suis plus instruit ; mais jamais je n'ai tant *senti* la France qu'en 1825. » Il me racontait avec enthousiasme ses promenades dans Paris et comment il étudiait sur les lieux les souvenirs de notre révolution de 89 ; c'était M. Cousin qui lui servait de guide. « Jamais, me disait-il, je n'ai reçu de leçons d'histoire plus vives et plus pénétrantes que celles-là. »

Qu'il me soit permis de faire ici une réflexion sur ce *sens* de la France, que Gans avait plus qu'aucun des étrangers que j'aie jamais rencontrés. Ce n'est certes pas une chose nouvelle que l'influence de la France à Berlin. Cette influence, préparée par les réfugiés français qui vinrent s'y établir sous le grand électeur, devint décisive sous le grand Frédéric. La cour de Frédéric était toute française. C'était l'esprit de Voltaire et de ses disciples qui régnait à Berlin, non que Frédéric ne connût les côtés faibles de la philosophie du xviiie siècle, non qu'il ne sût à quoi s'en tenir sur la sagesse des sages de l'Encyclopédie. Il prenait de cette sagesse ce qu'il lui fallait pour l'amusement de ses soupers de Sans-Souci ; mais il savait aussi employer l'esprit français, c'est-à-dire l'esprit d'examen et

de contrôle , à corriger les vieux abus , à fonder un gouvernement actif et vigilant , à substituer enfin la monarchie ad-
ministrative, qui a fait école dans le nord de l'Europe , à la
vieille monarchie féodale. Voilà ce que fit le grand Frédéric
avec l'esprit français; c'est lui qui le premier le mit dans les
affaires et dans l'administration, et qui lui créa par là un de
ses plus nobles emplois. A Berlin , l'esprit français régnait
donc dans la société depuis Voltaire, et dans l'administration
depuis le grand Frédéric; mais c'était l'esprit du xviiie siècle,
et rien de plus. Stationnaire comme tous les esprits trans-
plantés, il était resté ce qu'il était au moment de sa trans-
plantation. Aussi la révolution française, ses lois, ses institutions , ses hardiesses, le tiers-état devenu une nation qui
avait créé un nouveau régime politique , devenu une armée
qui avait vaincu l'Europe, devenu un gouvernement qui avait
traité avec toutes les vieilles cours de l'Europe , tout cela
était étranger et presque odieux à Berlin. On y aimait la
France, mais la France d'avant 89 ; on ne voulait pas reconnaître dans la France révolutionnaire et conquérante de 91
et de 1805 la fille et l'héritière de la France de 1760. Berlin
semblait avoir mis le sinet à l'année 89 , et avoir fermé le
livre pour ne plus l'ouvrir. Gans fut un des premiers qui
rouvrit le livre, et qui osa dire qu'entre la France qu'avait
aimée Frédéric et la France que méconnaissait la Prusse
moderne, il n'y avait aucune solution de continuité, et que
l'une procédait de l'autre. Ainsi, pendant qu'en France, sous
la restauration , nous reprenions la tradition de 89 , Gans à
Berlin employait la philosophie et l'érudition allemandes à
prouver la filiation de 89 avec les temps qui l'ont précédé,
expliquait l'admirable perpétuité de la civilisation française
de Louis XIV à Napoléon, et empêchait enfin que l'esprit
allemand ne se fît deux France, l'une celle du passé, dont

il acceptait et admirait l'influence dominatrice ; l'autre celle
du présent, qu'il maudissait comme factieuse et révolutionnaire. Gans prétendait qu'il n'y avait qu'une France, et il
fit du caractère politique et philosophique de notre histoire
le sujet de ses cours.

Ces cours eurent un succès inouï dans les universités allemandes : Gans avait plus de quinze cents auditeurs ; c'était
un public, et le professeur devenait lui-même un orateur
politique, chose nouvelle et étrange à Berlin. Le cours public et gratuit fut interdit ; il fallut se borner à un cours
fermé et payé, selon l'usage des universités allemandes, et
ce cours eut encore un grand succès. L'action du professeur
perdit en étendue et gagna en efficacité : quinze cents
auditeurs sont un public, cent font font une école et une
secte.

Gans, à Berlin, était, quoique professeur et écrivain, un
personnage politique, chose toute nouvelle assurément en
Prusse, dans un pays qui n'a pas d'assemblée délibérante.
Il y a, certes, en Prusse, des écrivains qui s'occupent de
politique; mais ils n'ont pas d'action. Leur parole est importante ; leur personne n'est rien. A Berlin, Gans était
parvenu à être un personnage politique, en dehors de l'État,
en dehors de l'administration, quoique toutes les institutions et toutes les habitudes du pays répugnassent à cette
nouveauté. La foule qui s'est empressée à ses funérailles,
peuple, bourgeois, militaires, étudiants, a bien prouvé que ce
n'était pas seulement un professeur qu'on accompagnait au
cimetière, mais un homme qui agissait sur la société de son
temps. De là les regrets populaires et publics qui ont honoré
sa mémoire.

Et tel que je connaissais Gans, cette situation d'homme
politique, dans un pays qui n'est pas politique, était ce qui

le flattait le plus, parce que cela le rapprochait des mœurs de la France et de l'Angleterre. La politique était ce qu'il goûtait le plus. C'est par là qu'il aimait tant la France ; il lui savait gré d'avoir eu en Europe une initiative politique qui n'a point cessé, et à ce sujet même il était exigeant et impatient envers nous. Il ne pouvait pas supporter que la France semblât abandonner un instant cette vocation ; il la tenait comme obligée de se dévouer en Europe au triomphe de la civilisation ; c'était son rôle, c'était sa mission ; il fallait qu'elle l'accomplît, bon gré, mal gré, à ses risques et périls.

Que sa mauvaise humeur contre ce qu'il appelait notre égoïsme, et ce qui n'était que notre prudence, était piquante et spirituelle ! et surtout qu'il y avait d'amour de la France dans sa colère, vraie colère d'amant ! « Depuis un mois je ne fais que côtoyer la France, m'écrivait-il de Genève, au mois de septembre 1832, sans pouvoir cependant me résoudre à y entrer. C'est le juste-milieu qui m'en empêche et votre bourgeoisie souveraine. Si Dieu a fait la révolution de juillet pour les boutiquiers de la rue Saint-Denis, je cesserai de m'occuper de philosophie, d'histoire ; car je ne saurais la mesurer à leur aune... J'aime mieux Louis XIV, Napoléon, et même les combats de la restauration, que cette liberté pâle et chétive, cet ordre sans grandeur et sans éclat. Et pourtant je l'aime, cette France ! car si elle voulait !... » Puis il me demandait de venir à Strasbourg, où il comptait passer quelques jours. « Nous causerons, nous nous disputerons, et qui sait, mon cher ami, peut-être nous arrivera-t-il ce qui arriva, dit-on, à deux controversistes du xvie siècle l'un catholique et l'autre protestant, qui discutèrent si bien l'un contre l'autre, et avec de si bons arguments, que le catholique devint protestant, et le protestant catholique. »

Quoiqu'ayant beaucoup plus d'esprit et d'ardeur politique
que ses compatriotes , quoiqu'étant à cet égard et voulant
être presque Français, Gans cependant avait encore beau
coup de choses de l'Allemagne et des universités allemandes.
Ainsi , bien qu'il s'occupât des événements de son temps en
homme de parti, cependant il les jugeait toujours en philosophe spéculatif et sous un point de vue général. C'est là ce
qui le trompait. Il considérait avec tout l'intérêt de l'humanité , et s'irritait des obstacles qui semblaient s'opposer à
l'accomplissement de la destinée de l'Europe, telle qu'il l'i-
maginait. Jugeant les événements encore tout chauds et au
jour le jour, son impatience l'empêchait de comprendre que
les résistances font nécessairement partie du train des choses
humaines, que ce qui paraît retarder le char assure souvent
sa marche, et qu'enfin, si l'histoire suit un plan logique, cette
logique, plus haute et plus grande que la logique de l'esprit
humain, a sur celle-ci l'avantage de ne rien exclure, même
les retards et les échecs.

Gans se trompait donc parfois, je le crois du moins, dans
l'appréciation des choses du moment , c'est-à-dire dans la
politique; mais il excellait dans la philosophie de l'histoire,
quand il jugeait les événements à distance et par grandes
masses, et surtout il avait alors une éloquence singulière
moitié française et moitié allemande, moitié esprit et moitié
enthousiasme. La philosophie de l'histoire était sa science
favorite. Elève de Hegel, il avait opéré dans le sein de cette
école une curieuse révolution, car il l'avait prise justifiant
tous les pouvoirs établis, même le pouvoir absolu, d'après la
maxime que ce qui est a sa raison d'être, et il l'avait peu à
peu amenée au libéralisme, dont le principe, au contraire,
est de demander compte à tous les pouvoirs de leur origine
et de leur droit. Que j'aimais à causer avec lui sur la philo-

sophie de l'histoire ! quels longs et curieux entretiens dont tout le profit était pour moi! Seulement, lorsque Gans paraissait croire que les grandes idées sur la marche de l'humanité étaient toutes d'invention allemande, je me permettais de lui citer quelque passage de Bossuet ou de Fénelon, qui, avant Herder et Hegel, avaient, sans faire de système et sans changer la langue ordinaire, expliqué avec une admirable sagacité le plan de la Providence et la marche de la civilisation.

Je me souviens, entre autres, d'une longue conversation que nous eûmes au Kreutzberg. Le Kreutzberg est une petite colline, comme sont les montagnes des environs de Berlin· Au haut de cette colline est un monument en fer érigé en mémoire des victoires de la guerre d'indépendance. Je lus sur ce monument les noms de plusieurs batailles dont je n'avais point entendu parler, car les bulletins impériaux ne nous racontaient jamais que nos victoires, et, en revenant, nous parlâmes de Iéna et de Waterloo. — Ce sont des jours néfastes, disait Gans ; mais ces jours néfastes ont eu d'heureux effets. Ils ont, quoique par la guerre, mêlé et rapproché les peuples ; ils ont travaillé à l'unité morale de l'Europe. Vous nous aviez beaucoup donné, tout en nous battant; vous nous aviez donné l'égalité des lois civiles et l'uniformité de l'administration, tout ce que vous aviez acquis depuis 89. De notre côté, nous vous avons beaucoup rendu, car nous avons brisé, par nos victoires de 1813, l'orgueilleux isolement où vous viviez, et qui faisait que ne voyant, ne connaissant et n'admirant que vous-mêmes, vous deveniez à la fois stériles et vains. Ne maudissons pas trop nos mutuelles défaites. Savez-vous que la régénération de la Prusse date d'Iéna? C'est Iéna qui a détruit, dans nos lois et dans notre administration, ce que le grand Frédéric, par oubli ou par politique, avait conservé du moyen âge germanique. Nous pensions que la Prusse, avec son armée plutôt nobiliaire que nationale, avec son administration qui dédaignait l'appui du pouvoir municipal, avec les maximes de Frédéric, qui n'étaient plus qu'une routine mal comprise; nous pensions que la Prusse était fort puissante. Iéna nous montra notre faiblesse, et alors nous nous mîmes à travailler sur nouveaux frais. L'esprit libéral, qui a toujours été la providence de la Prusse, vint à notre secours. L'armée devint nationale par la landwher, qui n'était autre chose que votre conscription. Le baron de Stein organisa les municipalités, et introduisit dans cette organisation le principe d'égalité que n'avaient pas admis les institutions municipales du moyen âge. Ainsi, tandis qu'en Westphalie, en Bade, en Hesse et dans tous les pays réunis à votre empire, vous imposiez vos lois par la conquête, nous les adoptions à l'aide même de nos défaites, opposant à Napoléon la seule force qui le valût, le libéralisme, et aux victoires de la France impériale les principes de la France révolutionnaire. Tant il est vrai que dans cette Europe, qui n'est bientôt plus qu'un même peuple, il n'y a qu'un seul et même esprit qui s'accrédite et se répand à l'aide de la guerre comme à l'aide de la paix, et cet esprit nouveau, c'est vous qui l'avez donné au monde par la révolution française.

La révolution française a été, après le christianisme, la plus grande ère de l'union des peuples, car elle a proclamé le principe de la liberté civile et politique. En vertu de la simple qualité d'homme, tout le monde est appelé à jouir de cette liberté civile, politique et religieuse. La révolution française a donc arboré dans le monde un étendard autour duquel devront se réunir tôt ou tard tous les hommes de toutes les nations; étendard sacré sur lequel on peut lire aussi : C'est par ce signe que tu vaincras! Aussi depuis la révolution française, partout, dans la politique, la littérature, dans les arts, dans les mœurs, se manifestent les signes de l'unité qui semble le but du monde.

Considérez la guerre de la révolution, la guerre qui a agité l'Europe depuis 1792 jusqu'en 1814. Si nous la considérons seulement dans sa durée et dans ses événements, ce n'est, après tout, qu'une guerre ordinaire : ce sont des sièges, des batailles, des traités, des changements de territoire. C'est là l'étoffe de toutes les guerres. Mais si nous considérons ses causes et sa fin, elle a un caractère tout particulier ; son dénouement est tout politique, c'est une guerre d'opinion. Le meilleur moyen de juger du caractère et de la nature d'une guerre, c'est de regarder son dénouement. Le traité de Westphalie, en reconnaissant en Allemagne la puissance du protestantisme, a fixé le caractère particulier de la guerre de Trente ans, qui fut une guerre religieuse. Le congrès de Vienne, en fondant en France la restauration, a fixé aussi le caractère de la guerre de la révolution, qui fut une guerre toute politique, la guerre entre l'ancien et le nouveau régime. Une guerre d'opinions est toujours une guerre universelle ; telle fut la guerre de la révolution. Son dénouement aussi fut un dénouement universel ; tel est le traité de Vienne. La restauration n'est pas un événement de l'histoire de France, c'est un événement de l'histoire de l'Europe, et la chute de la restauration, si elle tombe (cette conversation avait lieu au mois de mai 1830), ne sera pas non plus, soyez-en sûr, un événement de l'histoire de France, ce sera un événement européen. Tant toutes choses maintenant se tiennent et se lient, tant le monde est un vaste réseau dont toutes les mailles tremblent et s'agitent à la fois ! Ce n'est plus une terre sourde, inerte, immobile ; c'est une terre sonore et élastique, où tous les mouvements ont des échos et des contre-coups, c'est un vaste océan dont toutes les masses se soulèvent à la fois, et le flot qui part des rivages de l'Amérique vient, de tempête en tempête, se briser sur les rivages de l'Europe.

— Mon cher ami, dis-je à Gans, il n'y a qu'une chose qui m'inquiète en tout ceci. Dans ces époques d'union ou de confusion, que deviennent les individus ?

—Ah! me répondit-il, vous avez touché la plaie. Quand les événements se font de la sorte, quand ils soulèvent de pareilles masses, les événements alors prennent des proportions colossales, ils deviennent gigantesques; mais les hommes hélas! restent ce qu'ils étaient, ils restent petits. Les événements s'allongent, pour ainsi dire, sur toute la surface de l'Europe : ils s'étendent, ils s'élèvent, ils grandissent d'une manière démesurée; mais l'homme ne peut pas dépasser sa mesure ordinaire, et il reste, quoi qu'il fasse, enfermé dans les cinq ou six pieds de sa taille, et dans les cinq ou six idées de son esprit. De là cette disproportion entre les choses et les hommes que nous voyons tous aujourd'hui, et qui deviendra chaque jour plus sensible. Cette petitesse des hommes est inévitable de nos jours. Toutes les fois, en effet, qu'il y a beaucoup d'hommes dans un événement, la part de chacun d'eux est petite. Quand il y a beaucoup d'acteurs sur la scène, chacun d'eux a peu de chose à dire; il paraît un instant, jette une parole ou deux, et rentre dans la coulisse. La politique et le théâtre semblent, sous ce rapport, se représenter l'un l'autre d'une manière curieuse. Voyez la tragédie antique : elle peint les passions et les malheurs d'un héros, elle remplit le théâtre avec un seul personnage; en politique aussi, un seul personnage, un grand homme, un Cyrus, un Périclès, un Sylla, occupait le théâtre, et c'était à lui que tout se rattachait. Dans la tragédie, ou plutôt dans le drame moderne, l'intérêt n'est plus dans les hommes, il

b

n'est plus dans les caractères ; il est dans les événements, dans les coups de théâtre, dans des péripéties infinies, et en cela le théâtre et la politique modernes se ressemblent à faire peur.

Aujourd'hui, la destinée des peuples se fait d'elle-même et toute seule ; quant aux individus, ils suivent les événements; ils se font les serviteurs de la Providence, selon une spirituelle expression de la révolution anglaise. Personne ne marche plus en tête des choses; on marche à la queue. On ne guide pas les événements, on les suit, et le temps est passé des hommes qui faisaient le destin d'une nation. Il n'y a plus maintenant qu'un seul héros, qu'un seul homme de génie; c'est tout le monde, c'est le peuple. Mais le peuple a-t-il un nom? est-ce un individu? est-ce quelqu'un ? Non le peuple, c'est presque aussi lui-même un évènement ; car de même que les évènemens le peuple a quelque chose de fatal, d'instinctif. Il marche, il court d'une manière irrésistible; il a dans ses mouvemens une haute et profonde raison, mais qui semble ne pas lui appartenir. Il est raisonnable comme les événements de la terre ou comme les astres du ciel qui suivent les lois de la Providence ; il est raisonnable comme le sont les instruments et les ministres de Dieu , raisonnable et aveugle. Le peuple n'est pas une personne, c'est une chose.

Tel est donc le caractère de l'identification des peuples. Elle unit les hommes par le partage plus égal des choses ; elle est favorable à l'humanité, mais en même temps elle est funeste à l'individu, car elle abolit les inégalités; elle rend la société plus égale, plus unie....

— Et plus plate, n'est-ce pas? C'est là ce que voulez dire?

Il causait ainsi avec beaucoup de mouvement et de chaleur, plein de vie, hélas ! — car ce mot revient sans cesse,

malgré moi , à côté du souvenir de sa mort prématurée. —
Quand, rentrant à Berlin, nous vîmes, dans les boutiques des
marchands de gravures qui sont sous *les tilleuls*, le portrait
de Napoléon. Ce portrait était partout exposé en Prusse à
cette époque, comme dans toute l'Allemagne, comme dans
tout le monde. L'ère des querelles contemporaines était
finie, et la postérité commençait.

— Tenez, dis-je à Gans, voila un homme qui relève un
peu l'individu que votre système sacrifie.

— Oui, reprit Gans, vivement ; mais aussi c'est la dernière des individualités, et c'en est la plus grande, et encore
je trouve beaucoup à redire de ce côté. Il semble que Napoléon ait imposé au monde sa propre fortune et fait de sa destinée la destinée de l'Europe. Il a saisi hardiment la révolution
française, et l'a amenée, moitié docile et moitié frémissante,
au pied de son trône impérial. Du haut de ce trône, il a
changé l'Europe, il a bouleversé les dynasties. De plus,
voyez-le dans son malheur : sa personne s'y dessine mieux
encore peut-être que dans la prospérité. Son adversité, gi-
gantesque comme sa fortune, a je ne sais quel relief et quel
éclat qui n'appartient qu'à lui. Il a son sort et sa renommée
à part entre tous les grands infortunés, comme il l'a entre
tous les conquérants. Exilé à Sainte-Hélène, dans une île dé-
serte, entre deux mondes, c'est là qu'il meurt sous les yeux
de l'univers ; et ce tombeau sur une roche éloignée, sous un
autre ciel, cette sépulture lointaine, a quelque chose de
mystérieux qui achève et qui couronne l'étrangeté merveil-
leuse de sa vie. Et cependant, mon cher ami, cet homme qui
a semblé faire pendant quinze ans la destinée du monde,
cet homme a subi aussi la loi de notre siècle ; il n'a pas pu
échapper à cette condition : il a suivi les événements plutôt
qu'il ne les a guidés ; il a exécuté les décrets de la Providence,

mais il n'a rien créé qui soit l'œuvre de sa volonté ; et, chose remarquable, tout ce qu'il a voulu faire contre la loi du siècle et l'esprit du temps, ses grands fiefs militaires, ses majorats, ses trônes en Espagne, en Italie et en Allemagne, tout ce qui enfin n'était que lui, s'est écroulé avec lui ! Que de choses, au contraire, il a faites sans prévoir leur suite qui ont survécu à sa puissance ! que de choses viennent de lui, et qu'il ne voulait pas ! Il a coupé, découpé, morcelé l'Allemagne selon sa fantaisie, et l'Allemagne est sortie de ses mains plus unie et plus forte. Il a voulu anéantir la Prusse, et en 1814 la Prusse est plus puissante que sous le grand Frédéric. Ainsi Napoléon lui-même a suivi la nécessité des choses ; ainsi les évènements ont été plus forts que lui, sinon plus grands.

Après lui, il n'y a plus d'individus ; il y a ce que nous voyons aujourd'hui, il y a des partis, c'est-à-dire des hommes qui, se trouvant trop petits pour lutter seuls contre les évènements, se réunissent, se serrent les uns contre les autres, cherchant à se faire une force. Ont-ils de la durée ? L'Angleterre a vécu pendant cent ans et plus avec ses whigs et ses tories ; mais maintenant combien de partis naissent, vivent et meurent dans l'espace de dix ans ! Les partis aujourd'hui n'ont guère plus de force et de durée que les individus.

Et si de l'action en politique nous passons à la pensée, que voyons-nous ? La même chose. Il n'y a plus de livres, plus d'*Esprit des lois*, plus de *Contrat social* ; il y a des journaux. Or, qu'est-ce qu'un journal ? Est-ce la pensée d'un individu ? est-ce une personne ? Non, c'est un être de raison, c'est une pure abstraction. Il n'a point de nom, sinon un nom de guerre. Un journal, c'est un parti la plume à la main. Ce n'est personne. Qu'est-ce qui écrit dans les journaux? tout le monde. On dit que dans l'antiquité tout le monde était poète, tout le monde chantait ; puis un jour ces chants épars, ces pensées populaires, se réunissant, faisaient l'Iliade ou l'Odyssée. Les journaux sont de même, ils se font comme se faisaient autrefois les poèmes épiques. Ce sont les épopées de notre temps, faites comme les épopées antiques par des rapsodes ignorés, et qui, comme ces épopées, représentent aussi la pensée des peuples.

— Oui, mais quoique rapsode, mon cher ami, je doute fort que la postérité s'inquiète jamais de lire ces Iliades-là.

Cette conversation donne une idée de la manière dont Gans, dans ses entretiens, rapportait à ses idées générales les événements et les choses du jour, mêlant sans cesse la philosophie spéculative à la politique quotidienne. Elle peut aussi faire connaître son opinion sur la marche et sur le but de notre siècle. Il croyait à l'unité future du monde européen ; partout il en voyait les signes et les symptômes. Avec une sagacité ingénieuse et systématique, il discernait dans les plus petits faits de la littérature et du théâtre leur rapport avec la pensée générale du siècle. Je me souviens à ce sujet d'un article fort spirituel qu'il inséra dans un journal de musique de Berlin, à l'occasion du succès que Mlle Sontag, déjà mariée, déjà presque reconnue comtesse, obtint à Berlin en 1830. Ce fut la dernière fois qu'elle se montra, je crois, sur la scène, et ce fut son dernier triomphe; mais il fut grand. A Berlin, ce fut presque un événement public. A ce titre, Gans s'en occupa, et l'expliquant dans le sens de ses idées philosophiques : « A examiner de près le succès de Mlle Sontag, on peut, disait Gans dans cet article, en tirer quelques idées pour apprécier le caractère de ce siècle-ci. Dans la vie comme dans l'art, notre siècle ne semble plus se plaire à ce qui est grand et élevé, à ce qui émeut et agite fortement. Ses héros sont des héros modérés, des héros pacifiques, dont l'aspect ni l'idée n'entraîne personne, et dans qui, de loin comme de près, on reconnaît aisément ses semblables. On aime, on estime, on applaudit; on ne vénère plus, parce que la vénération est toujours liée à un sentiment de crainte. Dans l'art non plus, ce ne sont pas les choses majestueuses et les grandes images qu'on aime à contempler, car personne ne s'y reconnaît; elles n'offrent à personne un miroir commode pour y contempler à son aise l'image de sa propre nature. L'art ne cherche donc plus à élever les âmes. Il tend au plaisir, et encore est-ce au plaisir pacifique, au plaisir d'intérieur. L'art, aujourd'hui, est le serviteur des arts de détail. Tout ce qui est grand et majestueux, tout ce qui remue les ames n'est plus que fâcheux et incommode. Ce sont choses qu'il faut écarter comme exagérées, ou tout au plus admettre çà et là pour faire ombre au tableau. Le siècle a trouvé un mot admirable pour désigner, en le blâmant, le grand et le sublime qu'il ne peut plus souffrir : c'est exclusif, dit-il; il a raison. Tout ce qui est grand est exclusif parce qu'il se distingue et se place à part et en avant, parce qu'il se met en saillie et en lumière. Ce que le siècle loue comme impartialité et comme étendue, c'est cette souplesse et cette docilité avec laquelle l'art se prête au public et se rapetisse. Il n'y a plus aujourd'hui de tragédie et de comédie; il y a des acteurs qui jouent. On confond ce qu'on joue et ceux qui jouent. Dans un spectacle, le public ne voit plus qu'un grand salon. Point donc de grandes originalités; elles dérangent le niveau, l'égalité; et l'égalité est nécessaire en société. Point d'émotions, on ne vient point dans ce monde pour retourner chez soi tout ému et tout bouleversé. Plus d'enthousiasme non plus; du plaisir. Le public ne donne plus de couronnes, mais il envoie des baisers; il n'admire plus, il caresse.

« Que faut-il pour répondre à cette disposition des esprits? Une réunion de talents où aucun n'a la prétention de dominer; car cela dérangerait l'ensemble, ce qui serait impardonnable; une réunion de talents qui se prêtent appui les uns aux autres, qui se soutiennent en formant une agréable harmonie. Tel est le talent de Mlle Sontag. »

Il y a certes dans ce portrait de notre siècle beaucoup d'esprit; il y en a même trop, et je ne dis pas que tout soit vrai. Supposez cependant un siècle qui marche à l'unité de tous les peuples civilisés, comme la croyait Gans, un siècle où toutes les grandes émotions et tous les grands sentiments s'effacent par conséquent peu à peu; car le propre des grands sentiments étant d'établir une inégalité par l'élévation même, une différence par la distinction, ils empêchent l'unité qui, pour exister, a besoin surtout d'égalité. Avec les grands sentiments, les hommes sont des héros et les peuples sont des nations originales et indépendantes. Les grands sentiments ne vont donc pas aux siècles d'unité. Supposez un siècle qui marche vers la communion de tous les peuples civilisés; n'est-il pas vrai que dans ce siècle la société européenne, surtout dans les rangs élevés, sera douce, polie, voluptueuse, modérée, plutôt qu'énergique, ardente, enthousiaste, passionnée, et que dans les arts elle aimera mieux ce qui amuse et se qui plaît que ce qui émeut et ce qui élève? N'est-il pas vrai que la quiétude et le sybaritisme de l'esprit et de l'âme seront son caractère dominant, et que, parût-elle même quelquefois, par caprice, demander aux arts et à la littérature des émotions violentes et désordonnées, sa vie cependant et ses actions démentiront ses fantaisies d'imagination, et qu'elle reviendra toujours au mol et au doux par penchant de nature et d'habitude? Voilà ce que voulait dire Gans.

J'ai parlé de l'ouvrage de Gans intitulé *Coup d'œil rétrospectif sur les personnes et sur les circonstances.* C'est dans cet ouvrage qu'il raconte ses trois voyages à Paris, en 1825, en 1830, en 1835, et qu'il compare ces trois époques diverses de notre histoire contemporaine. De ces trois époques 1835 est la plus maltraitée. En 1835, en effet, je l'avoue, il n'y avait rien qui pût saisir l'imagination, rien qui s'adressât à l'imagination du poète ou du philosophe, et surtout d'un philosophe aussi ardent à systématiser ses idées que le poète à les peindre. En 1825, il avait vu les luttes de l'esprit libéral contre la restauration, et nos espérances de victoire ; il avait vu aussi la réforme littéraire tentée par les romantiques. Tout cela, qui était d'autant plus beau que c'était dans l'avenir, avait séduit et enthousiasmé Gans. En 1830, il avait assisté au triomphe, En 1835, il assistait au lendemain du triomphe, qui est toujours triste. Plus d'enthousiasme, plus d'illusions ; l'épreuve avait été faite en politique et en littérature, et, comme toutes les épreuves, elle avait donné moins qu'on n'espérait. On ne croyait plus, en 1835, que la révolution de Juillet eût changé la société et guéri les maladies sociales qui nous tourmentent. On voyait que cette révolution avait seulement affermi et consolidé la victoire des idées politiques de 89, mais en les dégageant du même coup de je ne sais combien de fausses illusions. D'un autre côté aussi, on ne croyait plus en 1835 que l'affranchissement des règles d'Aristote et même de la censure pût régénérer notre littérature et faire éclore des milliers de génies étouffés sous le joug. En 1835, nous étions, hélas ! arrivés à la sagesse, qui ressemble toujours un peu au désenchantement. Voilà pour l'état des esprits, et, quant à l'action, nous réprimions les émeutes et nous tâchions de développer la prospérité intérieure du pays. Or, la sagesse et le bonheur domestique sont choses excellentes pour qui en jouit; mais très monotones pour qui les regarde de loin. Il n'y a point là de spectacle dramatique, il n'y a même point là d'occasion de faire quelque grand système. Le train paisible et doux du bonheur domestique exclut la poésie et la logique. La philosophie de l'histoire ne sait où se prendre quand elle est tout d'un coup transportée au milieu d'une pareille société; ce n'est qu'au bout d'un certain temps, et après quelques années de durée, que le bonheur et la prospérité des peuples qui vivent tranquilles et calmes, deviennent, vus à distance, quelque chose de beau et de grand; pourvu toutefois, je me hâte de le dire, que les peuples ne soient calmes et heureux que par l'effet de leur raison et de leur volonté; pourvu qu'ils restent toujours indépendants et libres. Tel est le genre de bonheur que la France cherche à se faire depuis bientôt dix ans, un bonheur qui ne coûte rien à son indépendance et à sa liberté, et comme nous y parvenons peu à peu, en dépit de beaucoup de plaintes et de tracasseries; Gans, dans les dernières années de sa vie, se convertissait aussi peu à peu à ce nouveau genre de grandeur.

Il y avait plusieurs causes à cette conversion : d'abord cela commençait à devenir suranné d'attaquer la France, de calomnier son esprit de prudence et de modération. Tous les partis faisant cela depuis cinq ou six ans, l'esprit de Gans, qui aimait à marcher en avant plutôt qu'en arrière, se lassait de ce radotage convenu. De plus, comme l'expérience semblait condamner les prédictions de sa mauvaise humeur, comme la France persistait dans sa conduite politique et ne s'en trouvait pas plus mal, cette conduite prenait, aux yeux de Gans, aux yeux de l'ancien disciple d'Hegel,

l'autorité du succès, c'est-à-dire de quelque chose qui avait
sa raison d'être et qu'il fallait approuver. Aussi, obsédé
par ses doutes, il revint en France en 1837, et cette fois il
voulut voir quelques-unes de nos grandes villes de province.
A son retour il passa par Paris, et c'est la dernière fois que
je le vis. Son esprit flottait dans une grande incertitude,
tantôt blâmant avec une vivacité singulière l'état nouveau
de la France, parce que cet état ressemblait bien peu à la
France de 1825 et des premiers jours de Juillet, c'est-à-dire
à son idéal, et à un idéal d'autant plus cher, qu'il l'avait vu
ayant lui-même trente ans à peine, tantôt approuvant ce
qu'il voyait avec un air de résignation, et cherchant déjà à
le systématiser. Les incertitudes de son esprit se retrouvent
dans une des dernières lettres que j'ai reçues de lui : on y
voit comment la France était sans cesse l'objet de son attention et de son étude :

« Mon cher ami, me disait-il, je ne sais vraiment trop que
penser de votre pays, et mon dernier voyage dans vos villes
de province m'a en même temps beaucoup déplu et beaucoup fait réfléchir. Je ne comprenais pas trop, avant ce
voyage, ce que voulaient dire les Parisiens quand ils me
parlaient avec une sorte de dédain de la province; je le com-
prends maintenant : vous n'avez pas un homme en province. Quelle langueur ! quel engourdissement d'esprit ! On
mange, on dort; mais on ne vit pas. Quel matérialisme ! Vos
bourgeois de Paris sont des volcans d'esprit auprès de vos
provinciaux. Et songez, mon cher ami, combien cela m'a dû
déplaire, à moi qui, en Allemagne, suis habitué à trouver,
dans nos petites villes, le goût de la science et des lettres. En
Allemagne, la vie intellectuelle est répandue partout; elle
est dans tous les membres, et non pas seulement à la tête et
au cœur comme chez vous. Aussi, au premier moment, je

suis prêt à crier, avec tous vos publicistes de province : —
Décentralisez tant que vous pourrez ! faites un peu refluer le
sang aux extrémités, car, sans cela, vous périrez à la fois de
paralysie aux extrémités ; et d'anévrysme au cœur.—Et puis
cependant, après la première surprise, je me demande pourquoi la chose est ainsi, quand je trouve que depuis troiscents
ans la France marche vers la concentration ; je ne puis ni
m'étonner, ni me plaindre beaucoup que vous suiviez encore, à l'heure qu'il est, le penchant de toute votre histoire.
Je suis même tenté de croire que cette distribution fort iné-
gale de la vie intellectuelle et politique constitue une société beaucoup mieux organisée qu'elle ne le paraît. Dans les
républiques de l'antiquité, il y avait la place publique, le
forum, où les citoyens venaient traiter les affaires publiques :
hors du forum, ils faisaient leurs affaires privées et s'occu-
paient du labourage de leurs champs. Paris est devenu le
forum de la France, et cela non-seulement parce que c'est à
Paris que se tiennent les séances des chambres, mais parce
qu'il n'y a de vie et de mouvement politique qu'à Paris.
C'est à Paris, comme sur une place publique ouverte à toute
la France, que se font les affaires et que se décident les événements. Paris, comme le forum antique, prend une résolution ; cela fait loi pour toute la France. J'ai souvent été
près de me moquer de la façon dont la révolution de Juillet
s'était faite dans vos villes de province. On voyait la malle-
poste arriver avec un drapeau tricolore, on entendait le
courrier crier vive la charte, et là-dessus, tout d'un coup,
la révolution était faite. Cette obéissance mécanique des
provinces à Paris me semblait un mal ; c'est au contraire un
grand bien, car sans cela vous eussiez eu trente-huit mille
révolutions de Juillet, autant que de communes, et que seraient, hélas ! devenus dans ce désordre le repos, l'honneur,

la fortune, la vie des citoyens ? avec votre manière de tout
faire à Paris, le pays en est quitte à meilleur marché, et j'a-
voue en même temps que les provinces n'ont pas à se plaindre;
car dans ce forum que vous appelez Paris, tout le monde est
admis. C'est une table de jeu où se jouent les destinées de la
France; mais à cette table tout le monde est reçu, chacun peut
y dire son mot ou tenir les cartes. La tribune et la presse
surtout appellent à Paris toutes les idées importantes qui
naissent dans quelque coin du pays. Aucune n'est étouffée,
aucune n'est ignorée. Je dois avouer que je n'ai point trouvé
en province une seule pensée qui eût à se plaindre de n'être
point à Paris; je n'ai, au contraire, trouvé en province que
les idées de Paris. Paris, en France, semble chargé de faire
tout le travail politique et intellectuel du pays; c'est lui qui
pense, qui discute, qui rédige, et, son travail fait, il l'envoie
en province. Cela est bizarre, surtout pour un Allemand,
mais cela est vrai en politique comme en littérature. Grâce
à cet arrangement, la province, dispensée de tout souci intellectuel et politique, et comptant sur ceux qui la représentent à Paris, la province fait ce que faisaient les citoyens
des républiques anciennes hors du forum : elle fait ses affaires; elle sème, elle plante, elle récolte, elle file, elle tisse;
enfin elle travaille paisiblement. Avec l'habitude que vous
avez, depuis trois cents ans, de tout faire selon la loi et l'esprit de Paris, je reconnais que la politique et la littérature
que vous feriez en province auraient le double inconvénient
de n'être point originales, parce que ce serait une imitation
de Paris; et d'être petites et mesquines, parce que les passions locales feraient la politique à leur taille. Je me tiens
donc pour content de ce que je vois, et je m'emmerveille
comment, sans y penser, sans le vouloir, et par des moyens
fort différents, la France est arrivée à avoir une constitution

sociale plus semblable qu'on ne le croit à la constitution des
sociétés antiques. »

C'est ainsi que peu à peu cet esprit ardent et ingénieux se
rendait compte de l'état de la France au repos, après avoir
vu et aimé la France en marche et en mouvement, telle qu'elle
était en 1825 et en 1830, et à mesure qu'il la comprenait
mieux, il se reprenait à l'aimer comme par le passé; car Gans,
disons-le en finissant, n'avait aucun goût pour l'enthousiasme
chimérique, pour l'exaltation aventureuse; il s'en moque
même volontiers, et je trouve à ce sujet une anecdote très-
gaie dans son *Coup-d'œil rétrospectif.* Il s'agit des saint-
simoniens et de leur ardeur en 1830, car ç'a été naturellement
un des effets de la révolution de Juillet de porter à la tête de
toutes les opinions. Elle a exalté tout le monde, et chacun
dans son sens. Or, en 1830, Gans, étant à Paris, dînait au
Rocher de Cancale avec quelques saint-simoniens des plus
ardents, et avec M. Villemain, M. Buchon et quelques autres
personnes. La conversation tomba naturellement sur les
grandes espérances que les partisans de la doctrine nouvelle
attachaient à sa propagation. M. Villemain faisait remarquer
que, sans persécutions, sans sacrifices, sans martyrs, il était
impossible qu'une religion nouvelle pût prendre racine. « Ces
martyrs, s'écria un des saint-simoniens, ils se trouveront !
— Mais les martyrs chrétiens, reprit M. Villemain, ne dî-
naient pas au *Rocher de Cancale.* — Et, en vérité, continue
Gans, cette spirituelle plaisanterie avait son côté profond.
Comment, en effet, dans une époque d'indifférence religieuse,
des jeunes gens qui, bien loin de renoncer aux plaisirs du
monde, en faisaient, au contraire, l'objet d'un système religieux, pouvaient-ils jamais parvenir à produire une de ces
grandes secousses morales qui sont nécessaires à l'établissement d'une nouvelle religion?

Je me reprocherais de terminer mes souvenirs sur Ga[ns]
par cette anecdote qui fera sourire plusieurs de ses acteu[rs].
La mémoire de Gans et de sa mort prématurée doit exci[ter]
d'autres idées plus tristes, plus graves et plus conformes [au]
sentiment qui m'a fait prendre la plume. Je trouve, en p[ar]-
courant son *Coup-d'œil rétrospectif*, un éloge de Mme
Broglie, qui répond tout-à-fait aux tristes pensées que [jette]
dans l'esprit; car cet éloge d'une personne morte avant [le]
temps, fait par une autre personne morte elle-même pré[ma]-
turément, exprime amèrement l'effrayante instabilité de [la]
vie humaine et des affections qui la soutiennent. «Mme [de]
Broglie, dit Gans, était la digne fille de Mme de Staël. P[os]-
sédant toutes les qualités d'esprit et de cœur de sa mè[re],
elle avait de plus une piété pure et élevée qui avait vo[ulu]
prendre la rigueur des formes méthodiques, mais qui n'e[x]-
cluait aucunement le sens des choses du monde, des in[té]-
rêts du jour et des luttes politiques. Ses convictions re[li]-
gieuses donnaient à ses jugements un caractère de ferm[eté]
inflexible contre tout ce qui sentait l'immoralité; mais [son]
amabilité inaltérable, sa bonté affectueuse et cette cond[es]-
cendance de bon goût qui honorait toujours l'homme, [non]
mais le rang, tout cela répandait sur ses manières u[ne]
douceur attirante. Dans la révolution de Juillet elle estim[ait]
surtout l'esprit de modération et de désintéresseme[nt]
qu'elle aimait non-seulement en théorie, mais en pratiq[ue].
Aussi une position politique ne lui paraissait jamais désira[ble]
pour son mari, qu'autant qu'elle était commandée par [la]
nécessité et qu'elle commandait un sacrifice. »

Cet éloge de Mme de Broglie n'est pas certes le plus gr[and]
qu'on pouvait faire d'elle; elle en méritait de plus gra[nds]
encore; mais il me semble un des plus touchants, quan[d]
comparant le temps où il fut écrit et le temps où on le [lit]

on songe qu'il a plu à Dieu de retirer du monde à quelques mois seulement de distance celui qui louait et celle qui était louée : douloureux intérêt attaché, pour beaucoup d'entre nous, à quelques-unes des pages du *Coup·d'œil rétrospectif* de Gans, pleines de noms qui nous sont chers, et dont plusieurs, et le sien surtout, ne peuvent plus se prononcer qu'avec une triste émotion.

SAINT-MARC GIRARDIN.

...longtemps qu'il a plu à Dieu de le retirer de ce monde, à quelques
... seulement de dictées, celui qui louait ce salut qui était
... ces douloureux intérêts attachés pour bien longtemps d'autre
... à quelques-unes des pages du Coup d'œil rétrospectif, et le vrai surtout, ne pouvant plus se prolonger
... une triste semaine.

Sainte-Marie Madelaine.

HISTOIRE

DU DROIT DE SUCCESSION

EN FRANCE

AU MOYEN AGE.

DROIT ROMANO-GERMANIQUE.

La France diffère des autres pays de civilisation latine, en ce qu'elle a traversé le moyen-âge sans rien perdre de son influence politique, et que sa grandeur actuelle ne tient pas seulement au souvenir de sa grandeur passée. Cette double importance, la France la doit à sa double origine, à la fusion des deux éléments germanique et romain, et à la grande énergie développée surtout par le premier. Pour embrasser l'histoire du droit de succession en France, il est nécessaire d'esquisser ici à grands traits le tableau généralement peu connu des modifications extérieures du droit; ce sera la base de tous les développements qui vont suivre.

Des origines du droit gaulois nous ne connaissons guère que ce que nous en ont dit les écrivains romains, notamment César. Ce dernier nous parle des factions qui régnaient non seulement dans les diverses localités, mais encore au sein de chaque famille [1], factions entretenues par les principaux personnages qui dirigaient toutes les délibérations [2]. Chacun des états que Tacite met au nombre de 64 [3], se divise en deux partis [4], par la raison qu'il n'y a que deux classes de personnes, jouissant de quelque considération [5] : la classe des druides et la classe des chevaliers. Les druides président à tout ce qui regarde la religion, les sacrifices publics ou particuliers et l'éducation de la jeunesse ; ils ont la haute main sur toutes les affaires litigieuses et les procès [6]. Si un crime est commis, si une contestation s'élève sur une question de propriété ou de confins, ils sont appelés à en connaître. Ce sont eux qui déterminent les récompenses et les châtiments et quiconque refuse d'obéir à leur décision est mis au ban de la cité. Les druides ne portent point les armes et sont exempts de toutes charges. Cet ordre semble tirer son origine de la Bretagne, et de là, avoir été transplanté dans les Gaules [7]. Le métier des chevaliers est de faire la guerre et l'état de guerre soit offensive, soit défensive, y est pour ainsi dire

[1] In Galliâ non solum in omnibus civitatibus, atque pagis partibusque, sed pœnè etiam in singulis domibus factiones sunt. Cæsar de Bello gall. VI, 11. — [2] Quorum ad arbitrium judiciumque summa omnium rerum consiliorumque redeat. Cæsar, ibid. — [3] Tacit., Annales III, 44. Suiv. d'autres on compte 115 cités. Voyez la note de Dubos, Hist. critique. — [4] Cæsar, ibid. Namque omnes civitates in duas partes divisæ sunt. — [5] In omni Galliâ eorum hominum, qui aliquo sunt numero atque honore genera sunt duo. Ibid., VI, 13.— [6] Nam ferè de omnibus controversiis publicis, privatisque constituent. — [7] Cæsar, de Bell. gal. VI, 15.

l'état normal [1]. Dans les combats, les chevaliers sont toujours entourés de leurs clients [2]. Le peuple, c'est-à-dire tout ce qui n'appartient à aucune de ces deux classes est dans une espèce de servitude et n'a aucun poids dans les affaires publiques. Plusieurs même, pour échapper à la rigueur des impôts n'ont d'autre moyen que de se réduire eux-mêmes en esclavage auprès des nobles [3].

Ces documents sur le droit gaulois, tout incomplets qu'ils sont, ne laissent pas que de nous donner un certain point d'appui pour l'appréciation des temps à venir. La mobilité intellectuelle, la fermentation continuelle du peuple, son amour pour les combats, les divisions qui règnent partout, signe caractéristique qui distingue encore aujourd'hui les Français des temps modernes, tout cela perce déjà dans les passions des Gaulois indigènes, et César a su trouver la ligne de démarcation, qui sépare les Gaulois des Germains [4]. Quant aux effets de la conquête romaine, ceci fut de tout temps un objet de litige entre les auteurs. Grosley [5], faisant remonter aux Gaulois les coutumes qui régnaient en deçà de la Loire, soutient que le droit et le langage gaulois se conservèrent même sous la domination romaine. Ce que César nous a dit sur le mariage et le droit privé des Gaulois [6], matière que ce n'est pas ici le lieu de développer, a surtout servi

---

[1] Cæsar de Bell. gal. VI, 15. — [2] Ità plurimos circum se *ambactos* clientesque habet. — [3] Cæsar de Bell. gal. VI, 15. — [4] Idem, VI, 21. — [5] Recherches sur le Droit franç.. — [6] Cæsar, de Bell. gal.

à confirmer cette opinion. D'autres [1], au contraire ont à plus juste titre défendu l'opinion que les Gaulois avaient insensiblement adopté les idées, les mœurs et le langage des Romains; et que pendant les cinq siècles que dura cette domination, les indigènes s'étaient à tel point assimilés aux étrangers, qu'au moment de l'invasion barbare ils se trouvaient tous confondus sous le nom générique de Romains. Entre ces deux opinions vient se placer une troisième qui admet, à côté de la langue romaine et du droit romain, le maintien d'un dialecte gaulois, et de coutumes nationales [2]. Cette donnée repose sur la tolérance des Romains, à cet égard, et sur la difficulté d'introduire en Gaule un droit aussi étendu que le droit romain : ce qu'il y a de certain c'est que déjà au temps des Romains, il existait une différence notable entre le sud et le nord de la Gaule. Le sud était une vraie province romaine tandis que le nord conservait avec la cité conquérante une bien plus grande liberté de relations [3]. Cependant il existait au nord comme au sud des colonies romaines et des municipes, et nous ne voyons nulle part que les droits et les pouvoirs aient été différents. Il me semble plus raisonnable d'admettre que l'esprit de la politique romaine joint à l'influence postérieure du christianisme, ont si

[1] Fleury, Hist. du Droit franç. In Argou institut. au Droit franç. p. 4-10 Raynouard, Hist du Droit municipal en France, t. I, Intr. P. VIII, IX.— [2] Bernardi, de l'Origine et des progrès de la législation française, Paris, 1816, p. 10 et suiv.— [3] Plinii, Hist. nat. IV, 17 et seq. Voyez mon Traité du Droit de success., t. III, p. 53.

bien modifié les éléments primitifs et indigènes, qu'il en est résulté en définitive un ensemble complètement romain [1]. Ceci ressort expressément d'un discours aux habitants de Trèves, que Tacite met dans la bouche de Cerialis [2], et d'ailleurs en principe général, on connaît assez cette faculté d'assimilation qui distingue essentiellement la politique romaine [3]. Quant aux sources du droit romain observé dans les Gaules au commencement du cinquième siècle, elles se composent des écrits des jurisconsultes d'après les règles posées dans la constitution de Valentinien III, et des rescrits contenus dans les codes grégorien et hermogénien. Cette assertion de Montesquieu [4], que le code Théodosien était à cette époque le seul qui eût force de loi dans les Gaules, a été à juste titre refutée par d'autres auteurs [5]. Il me paraît au contraire plus vraisemblable que ce dernier code ne recevait généralement que peu d'application dans les Gaules à

---

[1] Augustinus de Civ. Dei, V, 17. Humanissime factum est, ut omnes ad Romanum imperium pertinentes societatem acciperent civitatis et Romani cives essent.— [2] Hist. IV, 75. Regna bellaque per Gallias semper fuere donec in nostrum jus concederitis : nos quanquam toties lacessiti jure victoriæ id solum vobis addidimus, quo pacem tueremur. Namque neque quies gentium sine armis, neque arma sine stipendiis, neque stipendia sine tributis haberi queunt : cœtera in communi sita sunt; ipsi plerumque legionibus nostris præsidetis ipsi, has aliasque provincias regitis ; nihil separatum clausumve : proinde pacem et urbem quam victi victoresque eodem jure obtinemus, amate, diligite. — [3] Rut. Numantii itiner. IV, 63. Fecisti patriam diversis gentibus unam urbem fecisti quod priùs orbis erat.— [4] Esprit des Lois XXVIII, 4.— [5] Savigny, Hist. du Droit romain au moyen-âge. 1-10.

cette époque. Malgré cette tendance à adopter les idées romaines, nous n'en devons pas moins remarquer que les habitants de la Gaule n'opposaient qu'une très faible résistance aux aggressions des barbares. Ceci doit être attribué d'abord à l'énervation qui s'attachait partout aux derniers moments de la vie romaine, et ensuite à des circonstances toutes particulières au pays. L'excessive dépendance de la curie, plus que jamais asservie dans ces derniers temps, les oppressions fiscales qui se multipliaient, et le manque de troupes nécessaires à sa défense, tout cela rendit la Gaule plus accessible à la conquête des barbares que toute autre partie de l'empire romain. Les diverses législations barbares qui s'établirent plus tard dans les différentes parties de la Gaule, sont la loi des Visigoths, la loi des Burgondes, des Franks Saliens et des Ripuaires; nous pouvons y joindre aussi, en ce qui concerne le grand empire frank sous Charlemagne, la loi des Bavarois, la loi des Allemands, celle des Angles et des Frisons. Nous avons déjà analysé la première de ces lois, celle des Visigoths dans la partie de notre ouvrage qui concerne l'Espagne.(*) Nous n'aurons donc à nous occuper, comme ayant trait spécialement à la France, que de la loi des Burgondes, (dite loi Gombette) en vigueur au sud, et des lois salique et ripuaire, ob-

(*) Ce traité spécial à la France, fait partie d'un grand ouvrage de M. Gans, sur le droit de succession, intitulé : Das Erbrecht in Weltgeschichtlicher Entwickelung. Du Droit de succession et de ses développements dans l'histoire du monde, par Edouard Gans.

Note de l'Éditeur.

servées au nord du pays. D'autres auteurs ont déjà démontré qu'à côté de ces lois, se retrouvent encore dans les diverses parties de l'empire frank, des traces du droit romain et de l'organisation romaine [1]. L'insuffisance des lois barbares, jointe à cette circonstance que le clergé continuait de suivre le droit commun, c'est-à-dire le droit romain et le droit canon, dut nécessairement ramener plus ou moins aux souvenirs du droit romain tous les pays où naissait le christianisme.

La législation sous les Mérovingiens, jusqu'au moment où le droit coutumier vint la fixer dans des formules resta complètement livrée au caprice, encore que quelques uns, notamment sous Dagobert Ier, se soient efforcés d'en coordonner les diverses parties [2]. Nous voyons dans Grégoire de Tours, que des décisions arbitraires émanées du bon plaisir royal dépouillaient les habitants de leurs droits les plus sacrés : aux pères, on enlevait leurs filles [3]; aux propriétaires, leurs biens [4]; à la cour du prince, la vénalité et l'injustice étaient à l'ordre du jour [5], et à l'exemple des rois, les ducs et les comtes n'usaient de leur pouvoir que pour exercer toutes sortes de vexations [6]. Les juges eux mêmes favorisaient ces brigandages [7], et comme parmi cinq personnes vivant ensemble il ne s'en trou-

[1] Dubos, Etabl. de la monarchie française, liv. 6, chap. II. Savigny, Hist. du Droit rom. au moyen-âge. V. I, p, 267 et II, p. 79.— [2] Cordemoi, Hist. de France. V. I, p. 254 et suiv.— [3] Greg. Turon. IV, 42, VI, 16.— [4] Ibid., VI, cap. ult. X, cap. 12. — [5] Ibid., IV. 42, X 5.— [6] Ibid., V, 36, VI, 31, X, 8, — [7] Ibid., X, 5.

vait pas deux soumises au même droit, il arrivait que les circonstances suffisaient à produire les inconvénients qui d'ailleurs eussent été le résultat de l'incertitude de la loi. Les biens allodiaux commencèrent dès cette époque à se transformer en fiefs ; parce que les petits propriétaires, privés d'un appui légal, se trouvèrent contraints de recourir à la protection d'un seigneur plus puissant et plus influent qu'eux. Sous les premiers rois Carolingiens, la législation dans son ensemble reçut peu de changements ; seulement les capitulaires c'est-à-dire les décrets émanés des rois francs, acquirent sous la seconde race, une importance qu'ils n'avaient pas eue sous la première. Le champ de mars qui, sous les Carolingiens se changea en champ de mai, était le lieu où se rédigeaient les lois en présence des personnes considérables, de l'un et de l'autre état : ecclésiastique et laïque. Les capitulaires étaient, tantôt des ordonnances sur des matières ecclésiastiques, c'est-à-dire de *véritables canons*, que l'on mit plus tard au même rang que les décisions des conciles [1] ; tantôt des lois séculières et générales, tantôt des réglements relatifs à certaines personnes, ou à certains faits particuliers, et qui par cela même jouissaient d'une moindre importance. L'autorité que devaient avoir les capitulaires, premières lois générales de la chrétienté était très grande ; ils furent observés dans toute l'étendue de l'empire de Charlemagne ; c'est-à-dire presque dans toute l'Europe. Les *missi*

---

[1] Baluze, cap. II, p. 82.

dominici (envoyés royaux), étaient chargés de leur promulgation dans les provinces et un grand nombre d'entr'eux se trouvent insérés dans le décret de Gratien. M. de Savigny [1] soutient, d'après Muratori et Canciani, que les capitulaires n'étaient point des lois générales destinées à régir les sujets des Carolingiens; il ne trouve une exception à cette donnée, que dans quelques lois ecclésiastiques; nous remarquerons que tout ce qui est avancé à l'appui de cette opinion, se rapporte beaucoup mieux à l'opinion contraire. Seulement M. de Savigny [2] observe, avec beaucoup de raison, que déjà à cette époque nous apparaissent des indices certains de la division future du droit en France, c'est-à-dire du maintien du droit romain au sud et de la naissance du droit coutumier au nord. Montesquieu [3] explique l'anéantissement du droit romain au nord, par la considération des grands avantages qu'offrait la législation franke dans cette partie du pays, circonstance qui explique, selon lui, l'empressement des indigènes à embrasser la loi du vainqueur. Le clergé seul favorisé de lois particulières relativement à la composition des délits (ou *wehrgeld*), n'avait aucun intérêt à un changement quelconque; d'autre part, la loi des Visigoths et des Burgondes, n'accordant aux vainqueurs aucun privilège sur les vaincus, ces derniers furent naturellement portés à conserver leur droit national; ainsi s'explique le maintien du droit

[1] Hist. du Droit rom. au moyen-âge l 144 et suiv. — [2] Ibid., 147.
[3] Esprit des Lois, XXVIII, 4.

romain dans le midi de la Gaule. Cette différence entre la législation du nord et celle du midi, se trouve déjà signalée dans *l'edictum pistense* de Charles-le-Chauve en 864 [1]. M. de Savigny [2] regarde cette explication de Montesquieu comme inadmissible pour deux motifs : d'abord parce qu'elle suppose l'élection libre du droit, opinion déjà refutée par lui ; et en second lieu, parce qu'on ne conçoit pas comment les Goths, les Burgondes et les Romains des provinces méridionales soumises plus tard par les Francs, auraient été insensibles à l'attrait d'une composition supérieure si puissant sur les Romains du nord. L'opinion de M. de Savigny est celle-ci : c'est que dans le nord, théâtre de la première invasion, les anciens habitants et les riches surtout furent d'abord écrasés par le nombre et la cruauté des conquérants. Mais lorsque plus tard ceux-ci ne firent que reculer vers le midi les frontières de leur empire, la rigueur envers les vaincus diminua avec le nombre des vainqueurs [3].

Nous ne saurions nous empêcher d'avouer que cette nouvelle explication n'ajoute rien à l'opinion déjà émise par Montesquieu. Ce dernier voit dans la différence de législation ce que M. de Savigny attribue à l'oppression plus ou moins grande exercée par les vainqueurs : mais n'est-il pas plus probable que la

---

[1] In illâ terrâ in quâ judicia secundum legem romanam terminantur, secundum ipsam legem judicatur, et in illa terrâ in quâ judicia secundum legem romanam non judicantur. Ed. Pist. apud Baluz, II, 175. — [2] Hist. du Droit rom. au moyen-âge, II, 149.

législation mieux ordonnée des provinces méridionales de la France, servit dès l'origine, de rempart contre l'invasion du droit germanique; et ne doit-on pas admettre, comme nous l'avons établi plus haut, que déjà à l'époque de la conquête romaine, il existait sous ce point de vue une différence notable entre les provinces du nord et les provinces méridionales de la Gaule? on peut expliquer de telle ou telle manière, par telle ou telle raison, la double origine du droit en France, mais toujours est-il que le mot de l'énigme gît dans l'appréciation bien simple des contrastes entre les deux peuples romain et germanique qui se trouvent face à face sur le même sol avec leurs mœurs et leurs institutions respectives. Deux droits et deux langages ne sont autre chose que la conséquence naturelle de cette position de deux races qui tendent à se rapprocher; et il est à peu près superflu, selon nous, de chercher à déduire de considérations extérieures la cause pour laquelle elles ne se sont pas tout d'abord fondues en une seule.

Sous les Carolingiens les modifications qu'éprouva la législation furent plutôt des changements d'organisation que de grandes transformations extérieures. Les dignités de duc et de comte qui, jusqu'alors, étaient des charges à vie, devinrent héréditaires. L'hérédité fut également établie pour les bénéfices [1]. Par là se trouva constituée sur une base solide l'indépendance seigneuriale, source de tant de désordres, et l'état

---

[1] Recueil des hist. de France, t. VI, p. 472, 574, 681, 611, 628, 646.

perdit tout centre d'unité et de force pour avoir voulu satisfaire aux ambitions diverses. L'exécution de la justice ne gagna rien à ce changement; car souvent on opposait la violence aux envoyés royaux [1]. Les juges eux-mêmes, accessibles à la corruption, protégeaient ouvertement le crime [2], et le clergé seul paraissait jouir du privilége de se soustraire aux rigueurs de l'oppression. L'avènement au trône de la race capétienne ne présente aucun changement notable dans l'état de la législation, et depuis le dernier capitulaire de Charles-le-Simple, en 921, jusqu'à une ordonnance de Henri Ier, en 1057, relative à la ville d'Orléans, nous n'apercevons aucun acte judiciaire qui annonce un progrès sous le point de vue législatif. Mais ce qui n'apparaissait pas dans l'Etat se produisait dans le silence et à l'ombre des couvents, et par l'importance toujours croissante que gagnaient les communes. Si les lois n'étaient pas encore nettement formulées, une vie plus active servait du moins à poser les fondements d'un droit dont l'expression devait se trouver plus tard. Les relations de rois à vassaux, de vassaux à serfs se constituaient peu à peu avant que la jurisprudence toujours plus lente eût pu en extraire des dispositions nettement formulées. Les hostilités privées et les duels qui prirent partout la place des formes juridiques de la procédure, et qui disparurent plus tard bien plutôt par l'amélioration progressive des mœurs que par l'influence du clergé; ces duels eux-mêmes ne contribuèrent pas peu à donner au droit une fixité à laquelle il

[1] Capit. II, 16, III, 64. — [2] Ibid. IV, 63, 64.

n'eût pu parvenir en suivant la voie pure et simple de son développement; car ces combats singuliers prouvent jusqu'à un certain point combien l'idée de propriété était devenue énergique, puisque sa violation donnait naissance à de tels ressentiments. Des restrictions apportées à ces combats judiciaires ressort encore leur sanction publique et la loi qui défend tous actes d'hostilité depuis le soir du mercredi de chaque semaine [1], ainsi que les jours de fête et de jeûne, démontre elle-même jusqu'à quel point de semblables habitudes avaient pris racine dans les mœurs du peuple. S'il n'existait entre les seigneurs d'autre mode de terminer un différend que la guerre, il n'en était pas tout-à-fait de même pour les serfs soumis à leur pouvoir. Bientôt après l'avènement au trône de la branche capétienne, il ne se trouva aucune partie du territoire qui n'eût un maître. De cette époque date l'axiome français: « Nulle terre sans seigneur. » Chaque suzerain, quelle que fût l'origine de son pouvoir, rendait la justice en personne ou par ses officiers. Les titres de *sénéchal*, *bailli* et *prévôt* s'appliquent, dès cette époque, aux délégués des divers seigneurs. Ces possesseurs de fiefs qui jugeaient ainsi leurs serfs étaient à leur tour jugés par leurs suzerains. Un simple chevalier était soumis à la juridiction du comte dont il était le vassal; et le comte, pour le juger, était obligé d'assembler les pairs de sa cour, c'est-à-dire les autres chevaliers ses vassaux. Le comte, lui-même, relevait d'un marquis, d'un duc ou d'un comte plus puissant

[1] Recueil des hist. de France. XI, 507 et suiv.

que lui, et cette subordination remontait ainsi jusqu'au souverain, qui, à son tour, pour rendre la justice avait à rassembler sa cour, composée des pairs de France, ses premiers vassaux [1]. Bien que positivement consti-tués, ces rapports de juridiction ne s'observaient pas toujours. Souvent les vassaux refusaient d'obéir à leur suzerain ; et le roi lui-même était parfois obligé de faire la guerre à ses pairs ; et les hostilités n'étaient pas moins fréquentes entre les ducs et leurs chevaliers dont plusieurs avaient des hommes d'armes sous leur auto-rité immédiate.

C'est au milieu d'événements semblables que s'in-troduisirent de grands changements dans l'organisa-tion des communes. Plusieurs vivaient encore sous l'ancien droit municipal romain ; mais ce droit se trou-vait obscurci par le mélange des institutions féodales, ou ne pouvait être conservé qu'à l'aide de transac-tions conclues avec les seigneurs qui habitaient autour des villes. La communauté de danger produisait souvent entre ces derniers des alliances qui de leur nature ne pouvaient qu'être purement défensives [2] et disparaissaient avec les circonstances qui les avaient fait naître. Souvent les villes qui désiraient changer leur constitution ou acquérir de nouveaux droits se jetaient dans les bras du roi qui avait intérêt à les sou-tenir dans leur lutte contre les seigneurs ses propres adversaires. Ainsi elles gagnaient des priviléges, des *chartes* de *communes*. Tous ces avantages, elles ne les

_[1] Fleury, Hist. du Droit franç., p. 48, 49. — [2] Raynouard, Hist. du Droit municipal en France. II, 280.

reçurent pas en général des mains de leurs autorités immédiates, *leurs maires ou leurs échevins;* mais du moins elles surent y joindre de nouveaux droits conquis et consolidés par leurs luttes contre les seigneurs. Ainsi les habitants des villes et des bourgs gagnèrent une indépendance qui les distingua avantageusement des habitants des campagnes ou des *vilains.* Ces derniers, suivant une expression usitée alors, *n'avaient point entre eux et leurs seigneurs d'autre juge fors Dieu*[1]. Cette résistance des villes donna naissance à des droits et des coutumes qui s'étendirent plus tard au reste du pays. Nous aurons à en parler ailleurs.

Malgré toutes ses imperfections, le droit français se répandit vers la fin du onzième siècle dans les pays étrangers. Parmi ces droits dérivés il nous faut mettre en première ligne *les assises* de *Jérusalem*, qui, après la conquête de la ville sainte, en 1099, par Godefroy de Bouillon, furent rédigées pour l'organisation du royaume. On institua deux tribunaux; l'un destiné à juger les différends entre les seigneurs, fut appelé la *haute cour;* l'autre, la cour *des Borgès* ou *du Visconte*, eut pour mission de rendre la justice au peuple[2]. Pour diriger les opérations de ces deux cours, il fut rédigé un code, avec l'assentiment du conseil des patriarches et des barons; il paraît même que les citoyens furent consultés sur certaines parties de la rédaction[3]. Pen—

---

[1] Conseil de Pierre de Fontaine, ch. 21, art. 8.— [2] Assises de Jérusalem. Ed. de la Thaumassière, p. 1. Wilken, Hist. des Croisades, I, p. 512. VII, 557.— [3] Bernardi, 207. Wilken, Hist des Croisade, VII, 563.

dant la durée du royaume de Jérusalem ce code reçut de notables changements; et les assises peuvent aujourd'hui être considérées par nous comme quelque chose d'à peu près semblable aux lois de Platon pour la Grèce, ou plutôt comme une source du droit français au moyen-âge. Le premier, le véritable manuscrit de ces assises, fut détruit à la prise de Jérusalem par Saladin. Plus tard on en fit un nouveau recueil composé de fragments et d'extraits puisés dans les souvenirs des contemporains [1]. En 1369, après le meurtre de Pierre de Lusignan, ce nouveau code fut revu et mis en vigueur dans le royaume de Chypre, et au moment où Jérusalem fut à jamais perdue pour les chrétiens, il avait encore force de loi dans les autres parties de l'Orient. Après la conquête de Constantinople, Baudouin donne aux *assises* la qualification de lois des Francs [2]. Quand le royaume de Chypre vint à tomber entre les mains des Vénitiens, ils eurent peine à comprendre le texte de ces lois, et le gouvernement de Venise en fit faire une traduction italienne qui parut en 1536 [3], et, sous le point de vue de la correction, cette traduction est bien préférable à l'édition de la *Thaumassière*, qui n'avait sous les yeux qu'un manuscrit incomplet [4]. Une autre naturalisation du droit français s'accomplit encore en Angleterre, également

---

[1] Canciani, Barb. leg. ant., t. V, p. 109, 110. Un des principaux auteurs de cette nouvelle rédaction fut Jean d'Ibelins, comte de Joppé d'Ascala, et seigneur de Rama. Ce travail fut probablement terminé entre l'année 1252 et 1259. — [2] Canciani, V. 109.— [3] Ibid., V. 123.— [4] Ibid., V. 110.

vers la fin du onzième siècle. Guillaume-le-Conqué-
rant, après la bataille d'Hastings, en 1066, introduisit dans la Grande-Bretagne la langue, les mœurs et
les coutumes françaises. Le droit féodal, observé en
Normandie, fut importé en Angleterre, à part cependant les restrictions exigées par la délimitation des
pouvoirs royaux; et si, plus tard l'élément romain ten-
dit aussi dans ces contrées à se dissoudre peu à peu
sous l'influence de l'esprit germanique, les traces de
l'*aggrégation* n'en sont pas moins restées visibles jusqu'à nos jours.

Les assises de Jérusalem étant un des plus anciens
documents du droit coutumier français, nous aurons
souvent à y revenir. Montesquieu nous a donné des
raisons superficielles pour expliquer la dégénération
successive des lois barbares et des capitulaires. Suivant
lui les fiefs étant devenus héréditaires, il s'introduisit
beaucoup d'usages auxquels ces lois n'étaient plus applicables. On en retint bien l'esprit qui était de régler
la plupart des affaires par des amendes; mais les va-
leurs ayant sans doute changé, les amendes changèrent
aussi; et l'on voit beaucoup de chartes où les seigneurs
fixaient eux-mêmes arbitrairement les amendes qui
devaient être payées dans leurs tribunaux respectifs.
Ainsi se perdit peu à peu le souvenir des lois salique,
ripuaire, visigothe et burgonde [1]. Quant aux capitulaires ils disparurent alors que l'on recueillit les canons des conciles et les décrétales des papes, et que le
clergé reçut ces lois comme venant d'une source plus

---

[1] Esprit des Lois, liv. XXVIII, ch. 9.

4

pure que celles à la confection desquelles il n'avait pas exclusivement travaillé [1]. Ceux d'entre les capitulaires qui avaient rapport au gouvernement civil et politique furent annexés aux lois personnelles de chaque nation et se développèrent avec elles [2]. Une autre cause de la ruine des lois barbares se trouve encore, selon Montesquieu, dans les règnes malheureux qui suivirent celui de Charlemagne, dans les invasions des Normands, les guerres intestines qui replongèrent les nations dans les ténèbres d'où elles étaient sorties. On ne sut plus ni lire ni écrire, ce qui fit oublier en France les lois barbares écrites, le droit romain et les capitulaires [3]. Cependant le voisinage de l'Italie, où l'écriture s'était mieux conservée, fit que le droit romain continua à fleurir dans les contrées méridionales de la France, autrefois soumises aux Goths et aux Burgondes. Ces diverses causes, signalées par Montesquieu, impliquent entre elles une contradiction frappante. En effet, on y explique d'abord la disparition des lois barbares par le progrès des temps, et ensuite, comme nouvelle cause de la dégénération de ces mêmes lois, on cite la barbarie de l'époque suivante. Quant à nous, il nous paraît plus naturel d'admettre que le développement progressif des rapports sociaux et l'exigence du siècle qui réclamait des statuts nouveaux, ou tout au moins plus largement combinés, ont amené la dégénération successive de cette législation barbare devenue insuffisante. Montesquieu ajoute que les coutumes

---

[1] Esprit des Lois, XXVIII, ch. 9. — [2] Ibid., ch. 10. — [3] Ibid., ch. 11.

qui paraissent avoir existé déjà sous la première race [1], après avoir d'abord [2] été subordonnées aux lois, finirent par les détruire et par obtenir un pouvoir qu'elles n'avaient jadis possédé que concurremment avec elles. Cette opinion de Montesquieu n'est point en opposition avec nos idées sur le perfectionnement du système féodal, et concorde avec la donnée de *Savigny* et d'*Eichhorn* qui pensent que les droits personnels firent place aux statuts locaux ou coutumes, alors que les diverses aggrégations conquérantes se fondirent en une masse de fiefs et de vassaux. Maintènant, que ces statuts locaux remontent jusqu'au temps des Gaulois, et que la preuve en soit dans l'analogie du petit nombre de documents laissés par César, avec les dispositions postérieures du droit coutumier, c'est une opinion soutenue par plusieurs écrivains modernes [3]. Toujours est-il que si l'on ne peut démontrer que l'ancien droit gaulois ait jamais été complètement anéanti, il n'en est pas moins certain que la première, la véritable origine des coutumes se trouve dans le développement des droits féodaux, dans les rapports de dépendance établis entre les seigneurs et dans les cours instituées par eux.

Une vérité évidente et qui n'a pas besoin de démonstration, c'est que les coutumes remontent jusqu'à l'origine des temps féodaux. Plusieurs auteurs, notamment Loisel, posèrent plus tard sur cette matière des principes généraux ; mais, loin qu'il y eût tout

---

[1] Esp. des Lois, XXVIII, 12. — [2] Leg. Long. II, 44, § 6. — [3] Hist. du Droit rom. au moyen-âge. — [4] Bernardi, p. 278.

d'abord des règles fixes, chaque coutume différait essentiellement de l'autre ; et il régnait dans les diverses localités un esprit de jalousie très marqué, quant à la conservation de leurs usages particuliers. Ainsi, lorsque Philippe 1er acheta le comté de Gatinois, avant de recevoir des seigneurs la foi et hommage, il dut lui-même s'engager par serment à maintenir les coutumes du pays [1]. Il nous reste à voir en quelle forme ces coutumes sont parvenues jusqu'à nous, c'est-à-dire comment elles furent rédigées par écrit. Leur diversité devint fort embarrassante, surtout lorsque les provinces furent réunies sous l'obéissance du roi et que les appels au parlement devinrent plus fréquents. Comme les juges d'appel ne pouvaient connaître toutes les coutumes particulières qui n'étaient point écrites en formes authentiques, il fallait admettre la preuve par témoins. Ce mode de procédés donnait lieu à des enquêtes fort longues et fort incommodes, et qui souvent ne servaient en rien à découvrir le véritable sens de la coutume. Car il se trouvait quelquefois preuve égale de deux coutumes directement opposées dans un même lieu, sur un même sujet [2] ; de sorte que par sa nature le droit se trouvait entièrement livré au caprice des témoins, des juges et des baillis, qui ne manquaient pas de découvrir toujours quelque autorité à l'appui de leur opinion particulière.

» C'est en ce sens que dès le temps de Saint-Louis. Pierre de Fontaine parle du droit coutumier, quand

[1] Recueil des Hist. de France, XI, 158. — [2] Fleury, Hist. du Droit français.

il se plaint que dans son pays, l'on pouvait à peine trouver un exemple assuré par l'avis de trois ou quatre personnes » [1]. L'étude du droit romain qui s'éveilla à cette époque plus vivace et plus énergique que jamais ne contribua pas peu à faire sentir l'inconvénient de cette incertitude. Plusieurs jurisconsultes très versés dans le droit romain, ne connaissaient pas les coutumes, et cependant leurs opinions étaient respectées et suivies dans les jugements. Le seul moyen de donner aux coutumes un caractère de certitúde était de les écrire; aussi chercha-t-on dès cette époque à les recueillir et à les fixer par l'écriture. Ces premiers écrits furent de trois sortes; *les chartes particulières des villes, les coutumiers des provinces* et les *traités des praticiens* destinés à faciliter l'application du droit.

La plus ancienne coutume écrite est la charte de la commune de *Beauvais* donnée par le roi Louis-le-jeune, en 1144 et qui fixe la juridiction du maire et des pairs de la ville. On prétend que Guillaume Talvas, comte de Ponthieu, accorda le droit de commune à Abbeville vers l'an 1130, quoique la charte de Jean II qui est rapportée, ne soit que de l'année 1184 » [2]. Dans la même classe vient se ranger l'autorisation donnée en 1173, aux habitants de Bordeaux, par Henri 1er, roi d'Angleterre, concernant l'élection d'un maire. En 1187, Hugues de Bourgogne accorda aux habitants de Dijon le droit de commune, semblable à celle de Soissons, qui par conséquent est plus ancienne, mais dont la charte n'est point datée. La coutume de la

[1] Préf. du Conseil de Pierre de Fontaines. — [2] Fleury, p. 83.

comté de Beaune est de 1203, celle de Bar-sur-Seine de 1234, celle de Semur de 1273, la charte de Rouen, octroyée par le roi Philippe Auguste, date de 1207. A ces titres particuliers à chaque ville se joignent les coutumes des provinces entières ; telles sont les coutumes de Champagne, de Bourgogne, de Normandie, d'Anjou etc. etc. : enfin, la troisième espèce d'écrits se compose des ouvrages des hommes habiles de l'époque, composés pour faciliter l'intelligence des coutumes. A cette classe appartiennent *le conseil de Pierre de Fontaines*, dont nous avons déjà parlé, le livre à la reine *Blanche*, attribué au même auteur, les coutumes de *Beauvoisis* rédigées par *Philippe* de *Beaumanoir* en 1285, *la somme rurale de Bouteiller* et enfin le *grand coutumier* composé sous le règne de Charles VI [1]. Toutes ces diverses parties du droit coutumier ne forment pas un tout homogène ; et les mots *us et coutumes fors et coutumes, franchises et privilèges* ne sont point synonimes. Le nom *us et coutumes* a trait plus spécialement aux relations de droit privé ; l'expression de *fors et coutumes* s'applique aux privilèges de communauté en ce qui regarde le droit public. Les *franchises* sont principalement les exemptions des droits de servitude et des charges féodales, comme par exemple des main-mortes, et des formariages. Bien qu'alors on écrivît presque tout en latin, cependant les coutumes ont été généralement écrites en français, comme traitant de matières qui devaient être entendues de tout le monde. Les plus anciennes

[1] Fleury, p. 86.

tiennent encore beaucoup de la dureté des lois barbares. Mais ce qui a été écrit depuis le quatorzième
siècle se rapproche beaucoup plus du droit romain,
et d'une jurisprudence bien organisée.

Toutes ces modifications survenues dans le droit
coutumier n'empêchaient pas qu'il ne fût très obscur,
ou trop succint : une réformation et une révision
générale du droit civil avaient eu lieu en Italie, vers le
quinzième siècle ; cet exemple fut suivi en France, et
le dessein d'une rédaction générale des coutumes fut
formé sous Charles VII après l'expulsion définitive des
Anglais. L'art. 123, d'une ordonnance datée des Mon-
tillez-Tours en 1454, porte que toutes les coutumes
seront écrites et accordées par les Praticiens de chaque
pays, puis revues et autorisées par le grand conseil
ou le parlement, et que celles là seulement auront
force de loi [1]. Il paraîtrait qu'on avait formé le
dessein de rassembler toutes les coutumes pour les
fondre en une loi générale ; et Philippe de Comines
semble le prouver lorsqu'il dit que Louis XI désirait
fort qu'en son royaume on usât d'*une* coutume,
d'*un* poids et d'*une* mesure. Ce ne fut qu'un siècle
après la mort de Charles VII que la rédaction des
coutumes fut terminée ; la révolution française acheva
l'œuvre en transformant en un tout homogène ce
chaos de lois diverses. La plus ancienne rédaction est
celle de la coutume de Ponthieu qui fut faite sous
Charles VIII en 1495. Depuis cette époque plusieurs
réformations eurent lieu sous Louis XII, François Ier,

[1] Fleury, p. 90.

Henri II, et même sous Charles IX [1]. Plus tard encore on chercha à remplir plusieurs lacunes dans les coutumes de Paris, d'Orléans et d'Amiens. Le mode et la forme usités dans la rédaction, la révision et la sanction des coutumes, ne contribuent pas peu à en rendre le style obscur et souvent incompréhensible.

A ces observations sur les coutumes se joignent naturellement quelques considérations sur ce code généralement attribué à St-Louis, et connu sous le nom d'*établissement de Saint-Louis*. L'opinion émise à ce sujet par Montesquieu [2] nous paraît essentiellement juste : suivant lui, ce code n'a jamais été fait pour servir de loi à tout le royaume bien que cela soit dit dans la préface. En effet, à cette époque de morcellements, où chacun se constituait sa propre souveraineté, et se renfermait dans le cercle étroit de ses coutumes particulières, comment est-il possible d'admettre la naissance d'une pensée dont l'exécution eût trouvé des difficultés même au dix-huitième siècle. Voici plutôt quel était le véritable but de ces établissements. St-Louis fit plusieurs réglements pour l'administration de ses domaines, et pour dégoûter de la jurisprudence française, fit traduire les ouvrages de droit romain. Défontaines [3], et après lui Beaumanoir, firent usage des lois romaines ; et c'est d'après les ouvrages de ces deux hommes que quelques baillis composèrent les établissements. La preuve de cette opinion est dans la confusion et l'ambiguité qui domine dans le

[1] Fleury, p. 92. — [2] Esprit des Lois, XXVIII, 37. — [3] Savigny, Hist. du Droit rom. au moyen-âge, p. 499, 500.

prologue mis en tête de cet ouvrage. D'abord ce sont les coutumes de Paris et d'Orléans dont il s'agit, ensuite ce sont les usages de tout le royaume, ensuite ce sont les coutumes d'Anjou [1]. Il est dit dans quelques manuscrits que ce code fut donné par St-Louis en 1270, avant son départ pour Tunis; or St-Louis est parti en 1269, d'où il suit que ce code aurait été publié pendant son absence; et il suffit de connaître les troubles de cette époque, pour être convaincu que cela ne peut pas être [2]. En vain objecterait-on que dans ces établissements prédomine un ton de maître que l'on ne trouve pas dans les ouvrages de Défontaines et Beaumanoir; cette particularité s'explique, par la raison que ce n'est autre chose qu'un recueil de chartes et de lois déjà promulguées.

Pour terminer ces considérations préliminaires sur l'histoire extérieure du droit français, il ne nous reste plus qu'à parler des ordonnances de l'étude du droit Romain, et de son influence sur les autres parties de la législation. En droit français on appelle exclusivement ordonnances, les lois émanées de la dynastie capétienne, les lois antérieures sont plus connues sous le nom de capitulaires. Au temps de St-Louis, les ordonnances étaient des états de la maison du roi. Depuis on a appliqué cette dénomination à *toutes les lettres patentes* par lesquelles le roi propose quelque loi générale. Le nombre de ces édits augmente progressivement dans les temps postérieurs, surtout à partir du règne de François Ier. Dès cette époque ce ne sont plus des régle-

[1] Esprit des Lois, XXVIII, 58. — [2] Ibid., 57.

ments de droit privés, mais bien des maximes de droit public, et leur importance dut augmenter par l'accrois sement du pouvoir royal et la vénalité des offices. Ces ordonnances ayant été pour la plupart rédigées par des hommes versés dans le droit romain, ne présentent aucun caractère particulier. Les plus solennelles sont celles qui ont été rendues dans les assemblées générales des états, mais le plus grand nombre émane directement du pouvoir royal. Elles traitent en général des droits du souverain, du pouvoir conféré aux officiers publics, des privilèges des églises, du clergé, de la noblesse, des villes, plusieurs contiennent des réglements concernant les corporations, la fabrication des monnaies etc. [1], quelques-unes règlent la procédure et les diverses formalités juridiques; du reste les principes généraux y sont presque toujours empruntés au droit romain ou au droit canon.

Nous n'avons plus maintenant qu'à dire quelques mots sur la renaissance des études du Droit Romain en France, vers la fin du moyen-âge. Déjà, au onzième et surtout au douzième siècle, se manifestait à Paris une tendance prononcée vers les recherches scientifiques. A la vérité les travaux de la science se renfermaient encore dans l'examen scholastique de la philosophie grecque et dans une fausse appréciation des œuvres d'Aristote. A ces études incomplètes de l'école théologique se joignaient cependant un goût, une prédilection non équivoque pour le Droit de Justinien, nouvellement importé d'Italie. Toutefois, il ne paraît

[1] Bernardi, p. 370.

pas encore qu'au douzième siècle le Droit Romain ait eu en France un grand retentissement. La chaire fondée à Montpellier par Placentinus [1], qui perdit toute importance après le retour de ce dernier à Bologne, et de plus quelques cours isolés tenus à Paris [2], voilà les seules traces de l'influence du Droit Romain à cette époque. Plus tard, sous le règne de saint Louis, Défontaines, dans son *Conseil*, que nous avons déjà cité, traduisit quelques parties des *Pandectes* et du code; et c'est à la faveur de ces travaux que le Droit Romain, encore inconnu, s'introduisit en France. Au quatorzième siècle même, et surtout dans sa première moitié, on ne rencontre en France que peu de *Romanistes* [3] connus des Italiens, et encore doivent-ils à ces derniers d'avoir laissé quelques vestiges de leur mémoire. Ce n'est qu'au seizième siècle, après les travaux d'Alciat, que les Français commencent à se distinguer dans l'étude du Droit Romain. Mais comme les écoles établies n'appartiennent pas au moyen-âge, nous n'avons pas à nous en occuper plus longuement. L'influence du Droit Romain, à cette époque, ne fut pas purement scientifique; tout mal entendu qu'il était, on le jugea si nécessaire que dans toutes les affaires on ne se servait plus que de ceux qui l'avaient étudié, soit pour juger, soit pour plaider, soit pour rédiger par écrit les conventions et les traités [4]. Les notaires et les procureurs qui devaient être gradués en droit changeaient toutes les formules des actes publics, et depuis 1250 on commença à les

[1] Savigny, Hist. du Droit rom. au moyen-âge, t. IV, p. 216, 374 et suiv.— [2] Ibid., p. 372.— [3] Ibid., p. 25.— [4] Fleury, p. 74.

charger d'une infinité de clauses, de restrictions et de protestations ; ceux qui en inventaient le plus passaient pour les plus habiles [1]. L'esprit de défiance qui régnait alors, et qui était sans doute un reste des hostilités passées, faisait attacher un grand prix à ces cautèles. La même prolixité se remarquait dans l'instruction et dans le jugement des procès. Ce qui autrefois se décidait d'une manière brève et simple par le suzerain et d'après l'autorité des coutumes, fut embarrassé d'une multitude de délais qui demandaient à tout instant le secours des clercs et des docteurs. De là l'origine des lieutenants, des baillis et des sénéchaux que l'on appelait *juges de robe longue* [2]. Malgré les subtilités engendrées par cette jurisprudence perfectionnée, il n'en est pas moins vrai que l'étude et l'application du Droit Romain eurent aussi d'heureux résultats. Il adoucit la rigueur du Droit coutumier, et établit des principes fixes qui permirent d'arguer d'un cas à l'autre. De là le nom de raison écrite qui lui fut appliqué, et qui, plus tard, se confondit avec lui. Depuis cette époque on cessa d'étudier les sources du Droit coutumier, les lois ripuaire et salique tombèrent dans l'oubli, et cette dernière, dès le règne de Louis XII, ne s'entendit plus que de l'exclusion des femmes à la couronne.

Après ces digressions sur les rapports des diverses parties de l'histoire extérieure du Droit Français, nous abordons notre sujet, c'est-à-dire l'histoire de l'organisation de la famille et du droit de succession d'après les sources que nous venons d'indiquer.

[1] Fleury, p. 76. — [2] Ibid., 78.

29

LOIS DES VISIGOTHS.

Le code des Visigoths, en vigueur dans le midi de la France, ne diffère en rien de celui qui régissait l'Espagne; et comme nous en avons déjà longuement parlé ailleurs [1], nous nous contenterons de rappeler ici les principes généraux. Dans le code Visigoth le mariage présente en général le même caractère et la même organisation que dans le Droit Romain et le Droit canon. La fortune respective des époux n'est aucunement engagée, c'est le régime de séparation de biens qui prédomine partout, et le conjoint n'arrive à la succession de son conjoint qu'après les cognats les plus éloignés. C'est aussi du Droit Romain et du Droit canon que dérivent la défaveur attachée au convol en secondes noces, et la considération dont jouit le célibat. Les donations entre époux ne sont point prohibées; mais les difficultés dont les environne la loi, notamment la nécessité d'un acte écrit, ont pour but bien plutôt de les empêcher que d'en régler la forme [2]. La donation à l'occasion des noces a une origine germanique et chrétienne, et bien que l'esprit des lois barbares perce dans les étroites limites dont on l'entoure, ce n'en est pas moins là, par rapport au Droit Romain, un développement et un progrès sous le point de vue mo-

[1] Voyez mon Traité sur le Droit de succession, III, 552, 572. — [2] Ibid., III, 204. — [3] Ibid., III, 205.

ral [1]. L'état de la puissance paternelle n'est à peu de chose près qu'une réminiscence du Droit Romain. En effet, la théorie du pécule adventice appartient complètement à la législation de Justinien; le fils en a la nue-propriété et le père l'usufruit; le seul indice de l'esprit germanique se trouve dans le complément de la puissance paternelle par celle des ascendants, et de celle-ci par la puissance des cognats. En cas d'absence du père, la mère jouit des mêmes droits relativement au mariage des enfants [2]; c'est-à-dire que son consentement est nécessaire; et si les oncles maternel et paternel ne remplacent point absolument les ascendants, et ne font point partie du conseil de famille, ils n'en sont pas moins regardés naturellement comme curateurs, et la mort des ascendants ne brise point les liens de famille. L'expiration du pouvoir paternel fixée à la vingtième année de l'enfant, le mariage de celui-ci et le titre de chef de famille qui en est la conséquence, tout cela est essentiellement germanique et n'a rien de commun avec le Droit Romain. La tutelle offre un mélange du *mundii* germanique et de la tutelle romaine [3].

Enfin, le droit de succession, quoiqu'il soit mal défini, ne se rapproche pas assez cependant, quant à ses priviléges, des vrais principes sur la matière. Si nous y voyons réunies la succession testamentaire et l'hérédité ab intestat, ses diverses dispositions n'ont rien de contradictoire. S'il y a des enfants, le testateur ne

---

[1] Voyez mon Traité sur le Droit de succession, III, 265. — [2] Ibid., III, 557. — [3] Ibid., III, 567, 578.

peut, à moins d'un crime commis, disposer de plus d'un tiers en faveur de l'un d'eux, ou de plus d'un cinquième en faveur d'un étranger. Tout homme qui ne laisse pas de descendants a la disposition libre de ses biens. C'est ainsi que dans un code de lois, dites barbares, nous trouvons posés les principes rationnels et fondamentaux du droit de succession. Ainsi, au caprice du père on oppose l'obstacle efficace de la famille, sans que celle-ci ait le droit de venir, avec ses ramifications les plus étendues, s'opposer, comme cela se pratique en Orient, au libre vouloir et aux décisions souvent équitables du testateur. La succession ab intestat, telle que nous la trouvons dans le *Fuero Juzgo* *, est réglée d'après des principes entièrement conformes aux dispositions de la Novelle 118. Ces dispositions ont pour fondement le droit absolu de cognation. Il ne s'y rencontre aucune distinction entre les meubles et les immeubles. Les biens sont considérés sous un point de vue général et uniforme, et ceci nous nous prouve jusqu'à quel point dans le Code visigoth les idées germaniques se confondent avec les idées romaines. Le droit de vengeance existe encore, mais une politique mieux entendue sait déjà le renfermer dans les limites d'une simple composition pécuniaire [1].

La loi des Visigoths n'a pas régi exclusivement le midi de la France; pendant long-temps la loi des Bur-

---

(*) Le Fuero-Juzgo est une traduction libre de la loi des Visigoths en Espagnol moderne; elle fut faite vers le milieu du 13e siècle, par ordre de Ferdinand III.　　　*Note de l'Éditeur.*

[1] Gans-Erbrecht. III, 571, 572.

gondes y régna concurremment avec elle. Naturellement vient se placer ici l'examen de cette dernière loi.

LOI DES BURGONDES.

Il paraît certain que ce recueil ne fut pas seulement
l'œuvre des rois burgondes, mais qu'il fut composé
avant la conquête des Franks [1]. La préface parle, à la
vérité, de la seconde année du règne de Gondebaud ;
mais dans le recueil se trouvent deux lois rendues sous
le consulat des deux Avienus, et une autre sous le consulat d'Agapetus. Or, le consulat des Avienus date de
501 à 502, celui d'Agapetus de 517 ; on ne saurait donc
faire remonter plus haut la rédaction du recueil [2].
Mais l'année 517 n'est point la seconde du règne de
Gondebaud, mais bien de son fils Sigismond ; et c'est
précisément de ce dernier qu'il est fait mention dans
la seconde préface du manuscrit de Lindenbrog [3]. D'a-
près ces circonstances il nous paraît naturel d'admettre qu'il y eut deux révisions du recueil, l'une faite
sous Gondebaud, et l'autre sous Sigismond [4]. Les deux
Appendices (*Additamenta*) doivent être attribués à Sigismond [5] ou à son successeur Godemar [6].

Chez les Burgondes le mariage paraît avoir eu pour
première condition le paiement de la part de l'époux

---

[1] Canciani, IV, p. 3. — [2] Ibid. — [3] Savigny, Hist. du Droit rom. au
moyen-âge, II, 3. — [4] Eichhorn Deutsche Staats und rechts-geschi-
chte, I, § 37. — [5] Eichhorn, ibid, I. 11. — [6] Savigny, t. II, p 4.

d'une certaine somme à titre d'arrhes (*nuptiale pretium* [1]. On n'exigeait pas seulement l'autorisation des parents, mais encore le consentement formel de la femme [2]. L'union des deux époux paraît avoir été une conséquence si rigoureuse du paiement du *pretium*, que, cette formalité une fois remplie, celui qui contractait un autre mariage commettait un crime capital [3]. Nous voyons qu'à l'égard d'une femme Burgonde, Aunegilde, qui s'était rendue coupable de ce crime, la faveur royale commua la peine de mort en une amende de 300 solidi; son complice, Balthomadus, fut condamné à en payer 150 [4]. Si une femme s'est unie à un homme sans le consentement de ses parents (*spontaneâ voluntate*) [5], ce dernier doit payer le simple *pretium* aux parents de la femme, et conserve par là la faculté de contracter un autre mariage [6]. Ce *pretium* que doit payer l'homme est encore désigné dans les lois Burgondes sous le nom de *wittemon* [7]. Si la femme n'a plus ni père, ni frères, un tiers du *pretium* se paie à la mère, un autre tiers aux plus proches parents [8]. Si la mère n'existe plus, les sœurs reçoivent un tiers, et l'oncle un autre tiers [9]. Remarquons que jusqu'ici il n'a été question que des deux tiers du wittemon. A qui reviendra donc le dernier tiers? Il nous paraît très vraisemblable qu'en cas d'absence de père et de frères,

[1] Lex Burg. tit. 52. Et majorem nuptialis pretii partem sponso adnumerante perceperit.— [2] Lex Burg., ibid. non solùm ex parentum consensu; verum etiam proprio arbitrio et voluntate.— [3] Lex Burg. tit. 52.— [4] Ibid.— [5] Ibid., tit. 61.— [6] Ibid.— [7] Ibid., tit. 66.— [8] Ibid., tit. 66. § 2.— [9] Ibid., tit. 66, § 1, 3.

c'est l'épouse elle-même qui le reçoit. Si une veuve convole en secondes noces, les parents du premier mari peuvent réclamer le wittemon [1]. Si elle contracte une troisième union, elle garde le *pretium* payé par son dernier mari [2]. Ces dispositions paraissent avoir un caractère fixe, leurs modifications dépendent seulement de la condition du mari; en effet, il est souvent question d'un *pretium* triple, quelquefois même sextuple [3]. Si une jeune fille est séduite et renvoyée à ses parents après avoir perdu sa virginité, le ravisseur est tenu de payer six fois le *pretium*, et de plus une somme de 12 solidi, à titre d'amende [4]. S'il ne pouvait payer la somme exigée, il devenait le serf des parents [5]. Si au contraire la jeune fille est venue de son plein gré et spontanément dans la maison de l'homme, ce dernier ne paie que *trois fois* le pretium [6]. Si elle revient sans avoir perdu sa virginité, elle est exempte de blâme et il n'y a pas lieu au paiement du pretium [7]. Une Romaine qui se marie à un Burgonde, sans le consentement de ses parents, est déchue de tout droit à leur succession [8].

Le douaire (*donatio nuptialis*) est distinct du wittemon. Quant à la *dot* apportée par la femme, il n'en est question qu'en un seul passage (ch. 14, § 4). Une femme burgonde qui contracte un second ou un troisième ma-

---

[1] Lex Burg., tit. 66, § 1. — [2] Lex Burg., tit. 68, § 2. Si verò tertium maritum accipere deliberat, Wittemon, quod maritus dederit, mulieri proficiat. — [3] Legis Burg. add. I, tit. 14. — [4] Lex Burg. tit. 12, § 1. — [5] Ibid., tit. 12, § 2. — [6] Ibid., tit. 12, 3. — [7] Ibid., tit. 12, § 4. — [8] Ibid., tit. 12, § 5.

riage, conserve l'usufruit de la donatio nuptialis à elle faite par ses divers époux ; mais après sa mort, la propriété revient aux enfants laissés par chacun d'eux [1] ; de telle sorte que la mère ne peut aucunement disposer, soit par donation, soit par vente, de ce qu'elle a reçu. Suivant quelques auteurs, ces diverses dispositions n'ont aucun caractère original et sont empruntées au Droit Romain [2]. Si la femme meurt sans enfants, la donation se partage par moitié entre ses plus proches parents et ceux du mari [3]. Le seul cas où la femme peut librement disposer de cette donation, est celui où elle la recevrait elle-même de son fils, soit par dation, soit par disposition testamentaire. Le titre du divorce renferme des prescriptions différentes, suivant que le divorce vient du mari ou de la femme. Si la femme abandonne son mari, elle doit être noyée dans un marais [4]. Si au contraire le mari répudie sa femme, le juge doit prononcer la séparation, dans le cas seulement où la femme serait coupable d'adultère, d'empoisonnement ou de violation des tombeaux [5]. Hors ces trois cas la répudiation de la femme n'est point permise, et le mari encourt une peine qui n'est point fixée d'une manière précise ; car le deuxième et le quatrième paragraphes du titre XXXIV sont en op-

---

[1] Lex Burg., tit. 34, § 1. — [2] Savigny, Hist. du Droit rom., t. II, p. 6. — [3] Lex Burg. tit. 24, § 2. — [4] Ibid., tit. 24, § 3. — [5] Ibid., tit. 34, § 1. Si qua mulier maritum suum, cui legitimè juncta est, demiserit, necetur in luto. Voyez Tacite, de Mor. Germ., cap. 12. — [6] Ibid., tit. 34, § 5

position à ce sujet. D'après le deuxième paragraphe [1] le mari n'est tenu de payer que l'*alterum tantum* du *wittemon*, et eu outre une amende de 12 solidi. D'après le quatrième, il doit sortir du domicile conjugal en abandonnant tous ses biens à sa femme et à ses enfants [2]. A part quelques modifications arbitraires, l'esprit de ce dernier texte est évidemment emprunté au Code théodosien [3]. Quant à l'opposition des deux paragraphes, elle dérive sans doute de l'influence contraire des deux organisations diverses : l'organisation germanique, toute favorable à l'homme, et l'organisation romaine, plus sévère à son égard.

Quant aux dispositions concernant l'adultère, il résulte aussi bien de la nature des choses que de la nàïveté de la législation barbare, que ce crime soit puni plus sévèrement à l'égard de la femme qu'à l'égard du mari. Tout homme surpris en adultère avec sa parente, ou avec la sœur de sa femme, doit, suivant la position sociale de la personne (*prout persona fuerit*), payer aux plus proches parents de celle qu'il a déshonorée, le *pretium* et de plus une amende de 12 solidi. La femme adultère devient l'esclave du roi [4]. Si une femme non mariée se livre en adultère à un Romain

---

[1] Si quis uxorem suam sine causâ demiserit, inferat ei alterum tantum, quantum pro pretio ipsius dederat et mulctæ nomine. Vol. XII.— [2] Quod si de his tribus facinoribus nihil admiserit nulli virorum liceat dealtero crimine uxorem suam dimittere, sed si maluerit, excat de domo rebus omnibus dimissis et illa cum filiis suis his quæ maritus habuit potiatur.— [3] Savigny, Hist. du Droit rom. II, p. 6. — [4] Lex Burg. tit. 56.

ou à un Burgonde, l'homme est tenu de payer une amende de 15 solidi ; quant à la femme, elle est vouée publiquement à l'opprobre [1]. Celui qui surprend sa femme en adultère est libre de tuer les deux coupables ; s'il n'en tue qu'un, il est obligé de payer la composition exigée par la loi [2].

Le convol en secondes noces est environné de quelque défaveur en ce qui concerne la femme. Toutefois, nous ne voyons pas que la loi y ait attaché des peines graves ; car si la femme perd une partie des biens que lui a laissés le mari, elle n'en conserve pas moins pendant toute sa vie la *donatio nuptialis* qu'elle a reçue de lui [3]. Ailleurs la loi parle du *morgengeba* [4], ou présent fait le matin des noces, et il paraît que la femme ne pouvait garder cette nouvelle donation qu'au cas où elle ne se remariait qu'un an ou deux après la mort de son premier époux. Du reste les biens de la femme, ainsi que sa propre personne, sont essentiellement sous le pouvoir du mari [5].

La loi des Burgondes ne contient qu'un très petit nombre de dispositions sur la puissance paternelle, c'est-à-dire sur le *mundium* du père. Si un homme avait dérobé des chevaux ou des bœufs en deçà des frontières du royaume, sa femme était tenue de le dénoncer sous peine d'esclavage [6]. Si son fils avait quatorze ans accomplis, âge auquel on peut supposer la

---

[1] Lex Burg., tit. 44, § 1. Illa vero facinoris sui deshonestata flagitios amissi pudoris sustinebit infamiam. — [2] Lex Burg., tit. 68. — — [3] Ibid., tit. 62—74. — [4] Ibid. tit. 42. — [5] Legis Burg. addit, 1, § 13. — [6] Lex Burg., tit. 47, § 1.

conscience du crime, il était tenu des mêmes obligations et passible de la même peine [1]. Au-dessous de quatorze ans l'esclavage ne pouvait être encouru [2]. Après le décès du père, la puissance paternelle ne se transmet à l'aïeul que sous certaines conditions. Car si la mère ne contracte point un second mariage, les enfants restent en son pouvoir ; dans le cas contraire, c'est alors l'aïeul qui prend en main la surveillance de leurs intérêts [3]. Le partage des biens entre le père et les enfants paraît remonter chez les Burgondes à une haute antiquité [4]. Le père peut avant tout partage disposer librement de tout ce qu'il possède par son fait et de tout ce qu'il a gagné par son travail [5]. L'unique exception à cette règle est relative au *sors* ou fonds de terre qui fut attribué à chaque Burgonde dans le pays conquis [6]. Après ce partage entre les enfants, si le père se remarie, les enfants du second lit pourront seuls élever des prétentions sur les biens paternels, sans que les enfants du premier lit puissent aucunement y participer [7]. Les biens donnés par le prince sont transmissibles aux enfants comme tout le reste [8]. Tout Burgonde, après le partage entre ses enfants, a droit d'aliéner la portion qui lui reste à titre gratuit ou onéreux [9]. Un certain Athila ayant frustré ses fils en disposant en faveur d'un étranger de la portion qui leur revenait,

---

[1] Lex Burg., tit. 47, § 2. — [2] Ibid., § 5. — [3] Ibid., tit. 59. — [4] Ibid., tit. 51. Antiquitùs fuerint observata, ut pater cum filiis propriam substantiam æquo jure divideret. — [5] Ibid., tit. 1, § 1. De communi facultate et de labore suo cuilibet donare liceat. — [6] Ibid. Absque terra sortis titulo acquisita. — [7] Ibid., § 2. — [8] Ibid., § 3. — [9] Ibid., § 1.

il fut statué qu'en pareil cas toute la fortune du père passerait aux enfants et qu'aucun engagement (*scripturæ*) de la part du premier ne pourrait valoir à leur préjudice [1]. Si la fortune du fils retombe dans les mains du père, il ne peut en avoir que l'usufruit; la nue-propriété appartient aux frères du défunt [2].

Le petit nombre de dispositions relatives à la tutelle sont généralement empruntées au Droit romain; à part toutefois quelques modifications particulières. Ainsi par exemple, si la mère accepte la tutelle, elle doit être préférée à tous les autres parents [3]. En cas d'absence de la mère, le plus proche parent prend l'administration des biens des mineurs; sous la condition toutefois que si sa fortune personnelle vient à s'augmenter, ses pupilles auront part aux bénéfices [4].

Le tuteur ne doit aliéner ni distraire aucune partie des biens des mineurs, sous peine de payer le prix de la chose [5]. La majorité commence avec la puberté; à quinze ans chacun est libre de ses actes [6], et peut disposer de ses biens; les dispositions faites antérieurement sont révocables pendant les quinze ans qui suivent la majorité, et ne deviennent valables qu'après ce laps de temps [7].

Voici maintenant les principes qui régissent le droit de succession. D'abord les enfants mâles succèdent au

[1] Lex Burg., tit. 51, § 1. — [2] Ibid., § 2. On lit dans texte : ad reliquos filios defuncti *fratres* au lieu de *fratris*. — [3] Ibid., t. 85, § 1. Si mater tutelam suscipere voluerit nulla ei parentela præponatur. — [4] Ibid., § 2. Ut qualiter suæ facultati proficit, sic et res minorum ejus utilitati proficiant. — [5] Ibid., §§ 3, 4. — [6] Ibid., tit. 87, § 1. — [7] Ibid. §§ 2, 3, 4.

père et à la mère, à l'exclusion de tous autres, et ce n'est qu'à leur défaut que les filles sont appelées à la succession[1]. S'il n'existe pas de descendants de l'un ou de l'autre sexe, la succession est dévolue aux sœurs ou aux plus proches parents[2]. Et dans ce dernier cas, personne n'a droit de réclamer le *wittemon* ou la dot[3]. Cette préférence accordée par la loi aux enfants mâles souffre une exception en faveur des filles qui se sont consacrées au service de Dieu. Celles-ci concourent, avec leurs frères, pour un tiers de l'héritage paternel, c'est-à-dire du *sors*[4] ; après leur mort, ce tiers revient aux plus proches parents, et elles ne peuvent librement disposer que des biens maternels, ou encore des fruits de leur travail, ou d'autres objets de peu de valeur (*in recellulis*)[5]. Dans ces choses sont compris les objets qu'elles ont pu recevoir de leur père à titre de cadeaux[6]. Si un Burgonde vient à mourir sans enfants, sa femme reçoit le tiers de sa fortune en usufruit ; cet usufruit ne cesse qu'à sa mort, ou au moment où elle contracte un second mariage, cas auquel les héritiers légitimes recouvrent la pleine propriété[7]. Après la mort de deux conjoints, la *donatio nuptialis* se divise par moitié entre les parents du mari et les parents de la femme[8]. Le mobilier et les vêtements de femme appartiennent aux filles, à l'exclusion des enfants mâles[9]. De même, une femme non mariée ne peut avoir pour héritiers que ses sœurs, et ce n'est qu'à défaut de sœurs que les

---

[1] Lex Burg., tit. 14, § 1. — [2] Ibid., § 2. — [3] Ibid., § 3, 4. — [4] Ibid., § 5, 6. — [5] Ibid., § 6. — [6] Ibid., tit. 42, § 1. — [7] Ibid., tit. 24, § 2. — [8] Ibid., tit. 51, § 3.

frères arrivent à la succession [1]. En ce qui regarde les droits de la mère sur la succession du fils, la loi burgonde a varié dans ses dispositions. D'abord, l'usufruit de tous les biens du fils appartenait à la mère, et ce n'est qu'après sa mort que les parents du premier pouvaient entrer en possession. D'après une loi postérieure [2], les biens durent être également partagés entre les deux parties, et chacune d'elles eut la libre disposition de sa part héréditaire.

Si, d'après la loi burgonde, les filles n'arrivent à la succession qu'après les enfants mâles, il n'en est pas de même si elles concourent avec des descendants au deuxième degré. Les petits-fils reçoivent par préciput la moitié des biens laissés par leur aïeul, l'autre moitié se partage entre eux et leurs tantes [3]. Si au contraire, ce sont des filles du fils qui concourent avec leurs tantes du côté paternel, elles n'ont droit qu'à la moitié de la succession ; l'autre moitié appartient aux descendants du premier degré, c'est-à-dire aux tantes [4].

Nous avons déjà parlé du partage des biens entre le père et ses enfants mâles. Si, après ce partage, un des fils vient à mourir sans postérité, sa portion revient au père *usu-fructuario jure*. La nue-propriété appartient aux frères du défunt ; et en cas du décès de l'un d'eux, son fils arrive à l'hérédité par représentation [5]. Quand il s'agit, au contraire, de succéder à la portion restée aux mains du père après le partage, elle n'appartient qu'aux descendants du premier degré, et les petits-fils

---

[1] Lex Burg., tit. 51, § 5, 6. — [2] Ibid., tit. 53. — [3] Ibid., tit. 75, § 1, 2. — [4] Ibid., § 3. — Ibid., tit. 78.

ne peuvent invoquer le bénéfice de la représentation [1]. La partie relative aux testaments et codicilles est d'importation romaine ; le droit primitif ne les admettait pas [2] : c'est par surprise qu'ils se sont introduits plus tard [3]. Chez les Burgondes , dans le principe , la présence de deux ou trois témoins suffisait pour légitimer une donation. Un changement survint postérieurement, on exigea des titres ou tout au moins la présence de cinq témoins , formalité établie en droit romain [4] ; seulement, ces témoins purent au besoin être pris parmi les affranchis [5].

Telles sont les principales dispositions de la loi burgonde , sur l'organisation de la famille , et le droit de succession. On y chercherait vainement cette méthode, cette précision que l'on rencontre parfois dans la loi lombarde , et le Fuero-juzgo; tout y est confus, éparpillé , les diverses dispositions semblent bien plutôt destinées à combler des lacunes qu'à former un corps de lois complet et systématique. Il y a absence totale de plusieurs dispositions importantes ; ainsi , la loi est muette sur les empêchements aux mariages, la puissance paternelle et le *mundium* sont à peine effleurés , et le droit de succession n'est défini que d'une manière incomplète; nous continuerons cependant nos considérations sur la loi burgonde, jusqu'au moment où nous serons parvenus à bien poser la base du Droit

---

[1] Lex Burg., tit. 78. — [2] Tacite, de Mor. Germ., cap. 20. — [3] Lex Burg., tit. 60. Adversus morem veterum usurpare velle cognovimus. — [4] Ibid., tit. 60, § 1. — [5] Ibid., § 2.

français, à l'aide des diverses lois barbares qui ont concouru à sa formation.

Comparons d'abord la loi burgonde au code bavarois, qui fut rédigé sous le règne de Dagobert Ier [1], et suivi aussi dans l'empire Frank. Postérieur d'un siècle à la loi burgonde, ce recueil nous présente déjà dans son ensemble, un mélange d'idées chrétiennes et de conceptions barbares [2]. Les empêchements au mariage y sont définis dans le sens romain et canonique [3]; les personnes de basse condition qui contractent une union prohibée perdent leur liberté et deviennent esclaves du fisc [4]. Nous remarquerons ensuite une série de dispositions très étendues, sur la composition due par la femme adultère [5], sur la défloration des jeunes filles [6], sur l'enlèvement, sur la copulation et l'*abortûs procuratio*. Les lois sur le mariage sont tellement incomplètes, que le Code burgonde même présente sous ce point de vue, une apparence de perfection comparativement au Code bavarois. De la puissance paternelle, il n'en est pour ainsi dire pas question; quant au droit de succession, nous rencontrons à ce sujet dans le titre de *commendatis* et *commodatis*, quelques dispositions qui semblent jetées là comme par accident. La veuve a droit sur la succession de son mari, à une part d'enfant en usufruit [7]; elle perd cet usufruit par le convol en secondes noces [8]. Ici l'imitation du droit romain est évidente, encore que le texte

---

[1] Mederer. Beitraege zur Geschichte von Baiern. 5 st. cinl., p. 47. — [2] Lex Bajuv., tit. 1. — [3] Ibid., tit. 7, cap. 1. — [4] Ibid., c. 3. — [5] Ibid. — [6] Ibid., tit. 8, c. 45. — [7] Ibid., tit. 15, c. 7. — [8] Ibid., c. 8.

n'ait pas été fidèlement suivi [1]. Des frères consanguins ont une part égale à l'héritage paternel, encore qu'ils ne soient pas issus de la même mère [2] ; tandis que la mère n'a pour héritiers que ses propres enfants. Les fils d'une femme serve ne peuvent rien recevoir de l'héritage paternel qu'à titre de libéralité de la part des autres enfants, car il est écrit : Le fils d'une femme serve ne sera point héritier concurremment avec le fils d'une femme libre; cependant ce dernier doit en avoir miséricorde, parce qu'il est né de la même chair [3]. Si un homme meurt sans enfants, sa veuve jouit de la moitié de la fortune du défunt, pendant tout le temps de son veuvage, l'autre moitié est dévolue aux parents du mari. Mais si la veuve vient à décéder elle-même, ou contracte un second mariage, ses droits sur les biens du premier mari se réduisent à ses propres biens; le reste apartient encore aux parents du mari [4]. Il peut arriver que le mari, par testament ou par donation, dispose de tous ses biens en faveur de sa femme; si celle-ci reste veuve, elle se trouve en possession du tout, et peut le transmettre à qui bon lui semble [5]; si les deux conjoints meurent sans postérité, et qu'il n'y ait point de parents jusqu'au septième dégré, leur fortune appartient au fisc [6].

La loi des Allemands est, en ce qui regarde la famille et le droit de succession, aussi incomplète que le Code

[1] Savigny, Hist. du Droit rom. t. II, p. 84, 85. — [2] Lex Bajuv., tit. 15, c. 9. — [3] Ibid. Quia in veteri lege scriptum est : non enim erit considerare hæres filius ancillæ cum filio liberæ, tamen debeat misericordiam qui caro eorum est. — [4] Ibid., c. 10. — [5] Ibid. — [6] Ibid.

bavarois. Elle remonte également jusqu'au commencement du septième siècle, c'est-à-dire jusqu'au règne de Clotaire II [1]. Là, comme dans le Code bavarois, les mariages sont prohibés jusqu'au quatrième degré de parenté [2]. Tout lien formé contrairement à ces dispositions est dissous de plein droit, et le coupable est dépouillé de tous ses biens [3]. Ce titre des prohibitions de mariage, ainsi que les dispositions qui déclarent esclaves du fisc les personnes de basse condition qui contracteraient une union illégitime [4], s'accordent textuellement avec les trois premiers chapitres du titre 7, du Code bavarois. Si un Allemand enlève la femme d'un autre, il est tenu à restitution, il doit de plus payer une amende de 80 solidi ; s'il veut garder la femme, il doit payer 400 solidi [5]. Si au contraire, il s'agit d'une fiancée, le ravisseur rend la personne enlevée, et de plus est passible d'une amende de 200 solidi [6]. Ceci paraîtrait exorbitant comparativement à la disposition précédente, si l'on n'admettait que les lois barbares regardaient comme un crime plus grand l'enlèvement d'une fiancée que celui d'une femme mariée. Une disposition caractéristique se rencontre ici: c'est celle qui veut que dans le cas où la personne enlevée aurait un enfant des œuvres de son ravisseur, la puissance paternelle appartienne au premier mari;

---

[1] Eichhorn, Deutsche Staats und Rechts geschichte.— [2] Lex Alam. tit. 59.— [3] Ibid., tit, 59, § 1. — [4] Ibid., § 2. Ces deux passages du Code allemand et bavarois sont eux-mêmes d'origine romaine. — Voyez Savigny, Hist. du Droit rom., p. 90.— [5] Ibid., tit. 54, § 1. — [6] Ibid., § 2.

si l'enfant vient à mourir, c'est encore à celui-ci qu'est due une composition[1]. Ceci rappelle le mariage indien des *Sapindas* et les prescriptions de la loi juive sur le même sujet, seulement il ne s'agit point ici de l'acquisition réelle du fils, ni de considérations religieuses et historiques, mais bien de la question de savoir à qui appartient le *mundium* et la composition due à l'occasion de la naissance du fils illégitime. De même, si quelqu'un épouse une femme qui ne lui a pas été fiancée (desponsata), il doit la rendre à son père et payer de plus 40 solidi[2]. Si la femme vient à mourir chez lui, la composition due par lui est de 400 solidi[3]; dans le cas ou des fils ou filles issus de cette union décéderaient également, il est tenu de payer aussi pour eux une amende au père de la femme[4]. Si quelqu'un abandonne sa fiancée pour épouser une autre femme, il est puni d'une amende de 40 solidi, et doit de plus jurer assisté de douze acolytes, c'est-à-dire de sept personnes choisies par lui, et cinq choisies par le juge, qu'il n'a point abandonné la première femme à cause de ses défauts, mais bien par suite d'un amour excessif pour la seconde[5].

Quant au droit de succession, le code des Allemands renferme les mêmes prescriptions que les autres législations barbares; c'est-à-dire que les filles sont exclues par les enfants mâles[6]. Mais si en l'absence de fils, une fille arrive à la succession paternelle, elle ne peut hériter des biens immeubles qu'autant qu'elle a épousé

---

[1] Lex Alam., tit. 51, § 2. — [2] Ibid., § 1. — [3] Ibid., § 2. — [4] Ibid., § 3. — [5] Ibid., tit. 53. — [6] Ibid., 57 et 88.

un homme libre et de même condition qu'elle. Celle qui s'unirait à un colon du roi ou à un colon de l'église, n'est apte à succéder qu'aux meubles [1]. Une femme veuve et sans enfants qui désire quitter le domicile conjugal pour contracter un second mariage, a le droit d'emporter le don nuptial qui se monte toujours à 40 solidi [2], ainsi que les objets qu'elle aurait apportés de la maison paternelle [3]. Si la somme qui lui est due à titre de don nuptial lui est refusée par les parents de son mari, elle peut prouver ses droits, par le serment déféré à cinq témoins ou par le combat singulier (*spata tracta pugna duorum*) [4]. Dans tous les cas, ce don nuptial ne peut jamais appartenir aux parents du mari qui l'a constitué, il reste, à toujours, la propriété du second mari et de ses enfants. Dans le cas où la femme affirmerait qu'outre la *dos,* le mari lui a fait encore un cadeau de noces, elle prête serment en touchant sa poitrine [5] (*per pectus suum*), et reçoit alors sans contest la somme de 12 solidi [6]. Si une femme, après avoir hérité des biens paternels, se marie et met au monde un enfant mâle [7], il suffit que ce dernier ait assez vécu pour voir la maison et ses quatre murs, pour que la succession de l'ascendant maternel passe au père de l'enfant, pourvu toutefois que l'existence de ce dernier puisse être prouvée par témoins [8]; car dans le cas con-

---

[1] Lex Alam., tit. 57. — [2] Ibid., tit. 55, § 1, 2. — [3] Ibid., § 1. — [4] Ibid.
[5] Lex Alam., t 56, § 2. Heinecci, Elem. jur. germ., p. 111. — [6] Les Allemands appellent ce serment Nastohit. — [7] Lex Alam., tit. 92. — [8] Ibid.

traire, la succession de l'ascendant maternel est dévolue à ses plus proches parents.

Après cette revue des lois burgondes comparées au Code bavarois et allemand, nous allons exposer la véritable base du Droit, suivi dans le nord de la France.

LOI SALIQUE.

Dans ces derniers temps, diverses opinions se sont élevées sur l'époque précise de la composition de cette loi. Autrefois on admettait généralement que les coutumes des Franks Saliens avaient été rédigées en un corps de lois sous Clovis [1]. A l'appui de cette opinion, on citait la préface même de la loi : mais Wiarda [2] déclare cette preuve complètement insuffisante; et considérant au contraire, que l'on trouve déjà dans la loi salique une foule de réglements politiques et judiciaires qui annoncent déjà un état bien organisé, et que d'un autre côté, Grégoire de Tours qui vivait à la fin du sixième siècle, ne dit mot de la loi salique, il en conclut que cette loi n'a pas pu exister avant le septième siècle [3]. C'est avec juste raison que cette opinion n'a point prévalu, car elle s'appuie bien plutôt sur des hypothèses purement arbitraires que sur des faits dûment constatés [4]. Une autre controverse a surgi ensuite

[1] Eichhorn, Deutsche Staats und Rechts geschichte, § 3. — [2] Geschichte und auslesung der Salischen Gesetze, Bremen und Aurich 1808, p. 76 et sniv.— [3] Wiarda, ibid., p. 113.— [4] Eichhorn et Fuerbach, De la Loi Salique et de ses divers commentaires, p. 29.

plus vive et plus opiniâtre sur la question de savoir,
quel est le plus ancien du texte sans glosse, ou du texte
accompagné de la glosse de *Malberg*. Les premiers édi-
teurs de la loi salique soutenaient tous que les manuscrits accompagnés de glosses contenaient le texte le
plus ancien; vint ensuite Wiarda qui se déclara pour
l'opinion opposée en s'appuyant de motifs qui ne sont
pas sans importance. Il observe que la glosse dite *Hé-
roldina* établit, notamment dans l'épilogue, qu'il existe
des manuscrits de la loi salique, contenant les uns
70 titres et les autres 80; or les manuscrits sans glosse
ne renferment tous que 70 titres; d'où il suit évidemment que le rédacteur de la glosse heroldina a dû connaître ces derniers en faisant son observation [1]. Tous
les titres, à partir du 75e jusqu'au 79e [2], ne sont que
des additions postérieures qui ne se rencontrent dans
aucun code sans glosse, et de plus, à propos du titre
de *Chrenecrudá du manuscrit de Herold*, le rédacteur de
la glosse établit que cette disposition n'était plus en
vigueur de son temps; observation capitale, que nous
ne retrouvons dans aucun texte sans glosse; ainsi donc
le rédacteur du manuscrit de Herold vivait à une époque où des prescriptions nettement formulées dans les
textes sans glosse étaient déjà tombées en désuétude [3];
et enfin, une dernière preuve, c'est que le Code d'Hé-
rold parle souvent d'une loi plus ancienne [4] que nous
retrouvons dans les textes sans glosse. A toutes ses observations qui s'appliquent également au Code d'Hé-

[1] Wiarda, ibid., p. 48, 49. — [2] Ibid., p. 49. — [3] Ibid., p. 49, 50. —
[4] Tit. 58, ch. 1.

rold aussi bien qu'à celui de *Wolfenbuttel* et de Pâris, Wiarda ajoute en dernière analyse que le fait même de l'existence d'une glosse suppose nécessairement l'existence antérieure d'un texte plus pur qui lui a donné naissance [1]. Cette opinion de Wiarda, partagée par plusieurs auteurs modernes [2], a été récemment combattue par Feuerbach, dont les arguments nous paraissent frappants. Suivant lui, il est bien plus vraisemblable d'admettre que la glosse franke a dû être ajoutée dès l'origine à une époque où les Franks Saliens ignoraient encore la langue latine, et dans le but de faciliter aux indigènes la compréhension de la loi, sans qu'il soit nécessaire de faire remonter l'existence des glosses de Malberg à un temps postérieur, où la connaissance générale de la langue latine les aurait rendues complètement inutiles [3]. A cela il ajoute que les glosses ne se trouvent pas à la marge, mais bien intercalées dans le texte même, et designées par le mot *Malb.*, indication qui devient superflue, si l'on admet qu'elles aient été ajoutées postérieurement [4]. Cette observation nous paraît concluante, en faisant même abstraction des autres conséquences qui résultent de la comparaison des deux textes [5]. Car, si l'on peut dire que les glosses sont toujours postérieures à un texte quelconque, il n'en est pas moins vrai que ce n'est pas une *emendata* qui sera ce texte primitif, car, le fait

---

[1] Wiarda, p. 51. — [2] Ortloff, von den Ausgaben und handschriften des Salischen gesetzes. S. 59. Savigny, Gesch. des Rœm. Rechts in mittellater S. 96, Rogge Ueber das Gerichtswesen der Germanen, S. 70. — [3] Feurbach, p. 40 à 42. — [4] Ibid., p. 42. — [5] Ibid., p. 42, 61.

même qu'il est souvent supérieur à la glosse prouve qu'il a été rédigé à une époque où l'édition de Malberg n'ayant plus une utilité pratique, devait naturellement tomber dans l'oubli[1]. En résumé, bien que cette discussion ne soit pas de première importance pour les observations qui vont suivre sur les prescriptions de la loi salique, relativement au droit de succession et aux rapports de famille, nous n'en devions pas moins nous y arrêter un instant avant de passer au développement de notre sujet.

Si un Frank désirait contracter mariage, il devait faire sa demande en présence de ses parents à lui et des parents de la jeune fille[2] : après avoir obtenu le consentement de cette dernière, il donnait à ses parents une pièce d'argent, un *solidum* et un *denarium*. Cette dernière circonstance n'est pas mentionnée dans la Loi salique; mais nous la rencontrons dans des formules et des actes postérieurs[3], d'où l'on a dit des fiançailles qu'elles étaient *per solidum et denarium*, ou encore *secundum Legem salicam*. Celui qui voulait épouser une veuve devait faire sa déclaration au *tunginus* et au *centenarius*, et ensuite payer trois solidi et un denier qui étaient pesés par trois témoins[4]. Si le fiancé n'accomplissait pas cette formalité, il était puni d'une amende de 62 schillings et demi, au profit des parents de la femme. Ce prix de la veuve, composé de trois *solidi* et un denier, est appelé *reipus*, et, d'après les additions de Eccard[5] au manuscrit de Wolfenbuttel, il

[1] Lex Salica, t. 70. — [2] Baluz, 11, 498, 852. — [3] Lex Salica, t. 47. — [4] Ad legem sal., p. 89.

doit être payé à celui sous la puissance duquel se trouve la veuve au moment de son nouveau mariage. Plus tard on a faussement appliqué à ce mot *reipus*, la signification d'amende de repentir ou amende de deuil; ce titre se trouve placé dans le Code de *Schilter*, sous la rubrique de *Reipusse*[1]. Quelques-uns prennent ce mot dans le sens plus simple d'une amende d'argent[2]; d'autres, dans le sens d'amende de deuil, parce que la veuve, en contractant un second mariage, quitte le deuil de son premier mari[3]. Grimm[4] a cependant démontré que le simple accusatif *reipum* suffit pour contredire cette assertion : suivant lui, il y a identité[5] entre ce mot et le mot *raips, reif (vinculum)*, ce qui aurait trait à la somme nécessaire à l'achat du bandeau (*not*)[6]. Cette dernière explication s'appuie sur une formule de *Veronèse*, dans le recueil de *Canciani*[7]. Dans cette formule, reproduite par Grimm, le *munduald* ou curateur à l'autorité duquel la veuve se soustrait par son nouveau mariage, est appelé *reparius*, et la veuve elle-même est désignée sous le nom de *reparia*. Or, si le mot de reipus signifiait amende de repentir, il est évident que la dénomination de reiparius ne pourrait s'appliquer au *munduald*. Mais il serait encore possible que la formule lombarde n'ait admis cette désignation de *reiparius* et *reiparia* qu'après avoir déjà consacré le

[1] Wiarda, p. 225 et 463. Schilter lui-même traduit ce mot par Raubbusze, amende d'enlèvement, parce que la veuve par son nouveau mariage était enlevée à sa famille.— [2] Sileinecis ant. Germ. t. II, liv. 2, c. 14, § 5.— [3] Wiarda, p. 463.— [4] Deutsche Rechtsalterthuemer, p. 425.— [5] Ibid. — [6] Ibid. 426.— [7] II, 476, 477.

mot de munduald, et que les deux premières dénominations n'aient point une origine franke. Dans tous les cas, la question principale est celle-ci : le *reipus* de trois solidi et un denier pour la veuve, et le paiement d'un solidus et d'un denier pour la jeune fille n'ont-ils trait ici qu'à une formalité purement symbolique? ou bien sont-ils, comme chez plusieurs autres races germaniques, un véritable prix d'achat? L'hypothèse d'un achat purement symbolique, comme dans la coemptio[1] des Romains, est ici complètement inadmissible ; car un achat sous forme de symbole suppose déjà une civilisation avancée et l'abandon des coutumes primitives, joint à l'idée de conservation à titre de souvenir, des formalités qui s'y rattachaient. Il est évident que cette opinion ne saurait s'appliquer aux Franks saliens. D'un autre côté, si l'on regarde les sommes déjà désignées comme trop minimes pour qu'on puisse croire qu'à elles seules elles constituent le prix d'achat, il n'en est pas moins vrai qu'il résulte expressément du texte même de la formule de Canciani[2] dont nous avons déjà parlé, que la tradition du *reipus* suffit pour parachever le mariage, et que ce n'est qu'après cette tradition que s'effectue la donation, en faveur de l'épouse, du tiers de la fortune de l'époux [3], d'où il suit que le *reipus* n'est point le *pretium*, mais bien la formalité qui précède le paiement du *pretium*. Pour sim-

---

[1] Grimm., p. 426, note.— [2] Canciani, II, 471. — [3] Ibid. Quo facto tunc Fabius eam subarret annulo, et post tradantur cartulæ donationis et dotis et scriptæ ibi legantur, et Seneca det conjugem Semproniam Fabio.

plifier les opérations du mariage, on ne paie d'abord, en apparence, qu'une très-petite somme, le *reipus;* tandis que, l'union une fois conclue, c'est alors que le mari fait à sa femme une donation bien plus importante. Nous avons déjà fait observer[1] que, dans les prescriptions des lois germaniques sur le mariage, les mots *dos, don nuptial* et *pretium,* ont une signification identique. Ici aussi, dans la loi salique, le *pretium* n'est pas autre chose, en définitive, que la donation faite par le mari à sa femme. Ce n'est pas en présence d'une législation aussi rude et aussi grossière que la loi salique, que nous pourrions regarder comme une formalité purement symbolique le prix payé par le mari pour l'acquisition de sa femme[2].

L'amende de 62 schillings et demi, imposée au Frank qui n'aurait pas observé les formes prescrites pour contracter mariage avec une veuve, s'applique aussi à celui qui voudrait rompre un engagement pris à l'égard d'une jeune fille[3]. Celui qui enlèverait une fiancée, alors qu'elle est conduite en grande pompe et par un nombreux cortége (DRUHTE DUCENTE), à la maison de son fiancé, et qui attenterait à son honneur, est puni d'une amende de 200 solidi[4]. Un Frank ne peut se marier avec la veuve de son frère consanguin, ou de son frère utérin; le mariage est également prohibé entre cousins-germains. Et non seulement des mariages de ce genre sont frappés de nullité, mais en-

---

[1] Gans Erbrecht. III, 204. — [2] Wiarda, p. 223, a adopté l'opinion que ce pretium n'était qu'un symbole. — [3] Lex Sal., t. 14, c. 8, 9. — [4] Ibid., c. 10.

core les enfants qui en naissent sont inhabiles à succéder et, de plus, notés d'infamie[1]. Mais en comparant
ces dispositions avec les prescriptions d'origine romaine que nous avons rencontrées dans la loi des Bavarois et des Allemands, et en réfléchissant que le passage que nous venons de citer ne se trouve point dans
la plupart des anciens manuscrits ni dans les glosses
de Paris et de Wolfenbuttel[2], nous serons naturellement portés à le regarder comme une interpolation
postérieure et dénuée d'authenticité. Bien que Grimm[3]
paraisse admettre que les prohibitions du mariage pour
cause de parenté sont de droit naturel et se conçoivent
d'elles-mêmes; que l'extension de ces prohibitions,
relativement à l'alliance et à la parenté ecclésiastique dérive du Droit canon, nous n'en devons pas
moins remarquer que des lois très-anciennes, notamment la loi des Burgondes, ne disent mot de ces prohibitions, qui ne sauraient être le simple résultat des
coutumes; et il nous serait certainement impossible
de trouver, dans les lois les plus anciennes, une série
de prohibitions de mariage aussi bien ordonnée et aussi
nettement formulée que dans le Droit romain et le
Droit canon. Ainsi donc, d'après la nature même
des choses, il nous paraît très-probable qu'il y a eu
interpolation.

Les relations de parenté et les liens de famille succèdent ici à la puissance paternelle. Si le chef de famille
venait à être tué, ses fils se partageaient une moitié de

---

[1] Lex Sal., t. 14, c. 12. — [2] Wiarda, p. 224, note 1. — [3] Deutsche
Rechtsalterthuemer, p. 435.

la composition due par le meurtrier; l'autre moitié était dévolue aux plus proches parents du mort[1], tant du côté paternel que du côté maternel. En cas d'absence de parents jusqu'au sixième degré[2], cette part de composition revenait au fisc[3]. Wiarda[4] observe avec beaucoup de raison qu'en donnant des droits aux parents du côté maternel, la loi n'a voulu parler que des mâles, car on ne saurait admettre à une part de composition les parents du sexe féminin, alors que les filles mêmes du défunt en sont exclues par la raison qu'elles ne sauraient venger sa mort. Du moment où les parents prenaient part à la composition, ils étaient tenus aussi d'en garantir le paiement au cas d'insolvabilité de la part du meurtrier. Ce dernier devait affirmer son insolvabilité par serment et assisté de douze témoins qui juraient avec lui. Si les parents ne pouvaient payer la composition, le meurtrier était traduit devant quatre juridictions différentes, et là exposé publiquement[5], personne ne se présentant pour le délivrer de l'exposition, il était puni de mort[6]. Nous trouvons dans le code de Herold, à la fin du titre, l'observation que cette solidarité des parents pour le paiement avait été abolie[7]. D'après Wiarda, bien que la loi salique ne parle dans ce titre que du meurtre (*si quis hominem occiderit*), il faut y comprendre toute espèce de crime capital, dont la peine est susceptible d'être rachetée par une amende. Nous ne saurions

[1] Lex Sal., tit. 65, c. 1. — [2] Wiarda. — [3] Lex Sal., t. 65, c. 3. — [4] Wiarda, p. 228. — [5] Lex Sal., tit. 61. — [6] Ibid. Tunc de villa comparat. — [7] Wiarda, p. 230.

partager cette opinion; la manière développée et pourtant précise avec laquelle sont désignées les formalités à suivre à l'égard du meurtrier jusqu'à son exécution, ne se rencontre point quand il s'agit d'un autre crime capital quelconque; d'où il suit que nous ne voyons aucun motif qui puisse justifier une *interpretatio lata*, même dans le sens historique.

Cette solidarité des parents, au cas de meurtre commis par l'un d'eux, cessait du moment où l'on rompait les liens de famille, en renonçant aux droits et priviléges qui y étaient attachés [1]. Cette solution s'opérait par une déclaration faite devant les tribunaux, c'est-à-dire devant le tunginus et le centenier. Le demandeur brisait sur sa tête quatre rameaux d'aune, et les jetait au milieu du tribunal; ensuite il se déliait solennellement des serments prêtés en sa qualité de membre de la famille, renonçait aux successions futures, et aux compositions auxquelles il aurait pu prétendre [2]. S'il venait à mourir, sa fortune n'appartenait plus à ses parents et devenait la propriété du fisc [3].

Le droit de succession chez les Franks saliens est surtout intéressant en ce que plusieurs de ses dispositions, relativement au droit public, se sont perpétuées jusqu'à nous. On pouvait faire des conventions héréditaires assujetties à certaines formes symboliques, et disposer de la totalité ou d'une partie de ses biens par donation, à cause de mort [4]. La rubrique du ti-

---

[1] Lex Sal., tit. 63. Tollere se de parentilla. — [2] Ibid., tit. 63. — [3] Ibid. — [4] Ibid., tit. 49.

tre 49 de *afatomiâ* ou de *adframire*, suivant le code de Herold, a donné lieu à des explications diverses.

Quelques-uns (V. le troisième capitulaire de 819, chap. 10), ont donné à ce mot le sens de tradition; d'autres l'ont fait dériver de *faten, fassen* (*prendre*), ce qui signifierait alors l'occupation ou l'acceptation de la chose donnée [1]. Plusieurs font remonter l'origine du mot à *faden fatha*, (régler, disposer) [2]; il se rapporte alors au mot hollandais *havedom*, (habethum, possession), et indique le droit de possession sur une chose [3]. Pour être valable, la donation à cause de mort devait être faite devant le *tunginus* ou le centenier. Ce dernier prenait en main l'écusson du tribunal, et convoquait trois témoins pour assister à cet acte solennel. Le donataire était ensuite appelé; le donateur jetait un rameau d'aune dans son sein, et déclarait à haute voix qu'il lui donnait ses biens en tout ou en partie: ensuite le donataire se rendait avec trois témoins dans la maison du donateur, et là avait lieu la tradition fictive de la chose donnée. Cette prise de possession était suivie d'un repas donné par le donateur, et d'une répétition de la cérémonie précédente devant le *missus dominicus.* Là encore, et publiquement, le testateur devait jeter sur l'héritier ou le donataire le rameau d'aune, en lui conférant ce titre pour la seconde fois: l'héritier faisait constater ces divers actes par de nouveaux témoins, et alors l'hérédité ou le legs lui étaient assurés d'une manièredéfinitive [5]. Wiarda [4] suppose que cette donation

[1] Wiarda, p. 249. — [2] Schilter, Gloss. Leut., p. 280. — [3] Wiarda, p. 245. — [4] Lex Sal., tit. 49. — [5] Wiarda, p. 246.

était révocable pendant un an, par la raison que la dernière formalité devait s'accomplir après un intervalle de douze mois, devant le tribunal public.

La succession *ab intestat* dans la loi salique présente un caractère bien plus important que les formes encore confuses de *testamenti factio*, que nous venons de décrire. Mais avant d'aborder ce sujet, il nous paraît convenable d'exposer ici les diverses significations des mots *alleu* et *terre salique*. Le mot *alleu*, dans son sens le plus étendu, peut s'entendre de tous les biens meubles et immeubles; quel que soit leur mode d'acquisition; pris dans cette acception, l'alleu comprendrait aussi la terre salique. Dans un sens plus restreint, le mot *alleu* ne s'applique qu'aux biens libres dont le propriétaire peut disposer à son gré [1]. Les biens allodiaux diffèrent alors des *bénéfices* qui après la mort du possesseur, dans le cas où la concession ne serait pas héréditaire, retombaient dans les mains du donateur. Quant à la distinction entre l'alleu et la terre salique, elle a été diversement établie; suivant quelques-uns, la terre salique n'est autre chose qu'une propriété seigneuriale, concédée par les rois à titre de bénéfices aux hommes qu'ils voulaient récompenser de leurs services [2]. D'autres, s'appuyant sur ce que le mot *sal* signifie maison, ou l'appartement d'honneur d'une maison, regardent la terre salique comme une terre intimement liée à la cour d'honneur, ou au principal corps de logis d'un bâtiment [3]. Plusieurs enfin entendent par *terre sa-*

[1] Wiarda, p. 248. — [2] Heinnecc. El. jur. Germ., l. II, t. 1, § 14. — [3] Wisand, de Orig. leg. sal., p. 31.

lique, la portion de terrain distribuée aux Franks aprè
la conquête. Cette dernière opinion paraît la plus juste,
surtout quand on se rappelle l'expression usitée dans
la loi des Ripuaires , pour désigner la terre salique [1].
Cette expression s'y trouve traduite par *terra aviatica*
c'est-à-dire la terre que l'on a reçue de ses ancêtres ;
c'est le *sors* des Burgondes, et dans toutes ces lois, la
terre salique est toujours l'objet de dispositions spéciales. Wiarda [2] repousse cette explication : suivant lui,
la terre salique n'a pu être prise pour la portion de
terrain attribuée à chaque conquérant ; car il est évident que pendant le long espace de temps qui a suivi la
première occupation , les terres ont dû par aliénation,
culture ou morcellement , subir des changements iné-
vitables, et changer souvent de maîtres. A cela on peut
répondre que cette immobilité héréditaire de la portion de terrain échue en partage, a pu faire place plus
tard à l'idée de transmissibilité directe et perpétuelle
de l'héritage paternel ; mais il n'en est pas moins vrai
que c'est de cette portion primitive que dérive ce qu'on
a appelé plus tard *terra aviatica*. Ce dernier mot est en
d'autres termes la traduction réelle, mais plus appro-
priée aux idées de l'époque, de l'expression primitive
de *terra salica ;* voilà pourquoi nous rencontrons dans
les formules de Marculf les désignations identiques de
terra salica, terra paterna, ou encore *allodis paterna* [3].

Voici maintenant la différence qui existe entre les
propriétés allodiales et les terres saliques, relativement
au droit de succession. Tous les enfants succèdent aux

[1] Lex Rip., t. 56.— [2] Wiarda, p. 253.— [3] Marc. form. 11, 12.

biens allodiaux, à la vérité la loi salique ne fait mention que des mâles [1]; cependant l'attribution du même droit aux filles est un fait qui nous paraît résulter évidemment des dispositions de la loi ripuaire [2], et des diverses prescriptions restrictives, par rapport à la terre salique, prescriptions que nous rencontrons dans le même titre, et qui dans l'hypothèse contraire n'auraient plus aucun sens, aussi bien que de la teneur du chapitre suivant du même titre, qui appelle à la succession la mère et les sœurs. Ici se présente une autre question, celle de savoir si les filles arrivent à la succession des alleux à défaut de fils seulement, ou concurremment avec eux. Wiarda [3], s'appuyant sur les formules de Marculf [4], est pour la dernière hypothèse; quant à moi, je ne saurais partager son opinion. La plupart des lois germaniques favorisent les mâles au détriment du sexe féminin; et ce n'est pas accidentellement que dans le titre 62 du chapitre 1er de la loi salique, il n'est question que des premiers. Encore que les femmes ne soient pas expressément exclues, il n'en est pas moins vrai que cette désignation unique indique déjà une préférence accordée aux mâles; préférence que nous allons trouver bien plus nettement exprimée, quand il s'agira de la succession à la *terre salique*. Bien plus, la formule de *Marculf*, citée par Wiarda à l'appui de son opinion, peut avec succès être rétorquée au profit de l'opinion contraire; car lorsque la formule dit en parlant des petits-fils : « *Dum et per legem cum*

---

[1] Lex Sal., t. 62, c. 1. Et filios non demiserit. — [2] Wiarda, p. 255, 256. — [3] Ibid., 256. — [4] Form., lib. 11, 10. Canciani, 11, 228.

*cæteris filiis meis avunculis vestris, in allode meo succe-
dere minimè potueratis.*» Il est évident que cela ne s'applique pas moins aux filles ; car la formule suivante :
« *Quidquid suprà dicta genitrix vestra, si mihi superes-
tis fuisset de allode mea recipere potuerat,* » a trait bien
plutôt à la dot constituée par le père à sa fille, en la
mariant (*Quando eam nuptam tradidit*), bien qu'une
autre formule de Marculf [1] exprime clairement l'existence de ce droit en faveur des femmes, reste toujours
la question de savoir si ce droit se trouvait dès l'origine
signalé dans la loi salique , ou s'il ne s'est pas plutôt
introduit postérieurement dans la pratique. L'égalité
devant la loi accordée aux femmes dans le droit français , est certainement l'œuvre du développement historique, bien plus que le résultat d'une idée première
présidant à la confection des lois anciennes. Wiarda ,
conformément aux formules déjà citées [2], n'admet à la
succession les petis-fils et les arrière petits-fils , que
dans le cas de non concurrence avec les descendants du
premier degré , auquel cas ils se trouvent nécessairement exclus. Or , il est évident que l'égalité des droits
héréditaires en faveur des femmes , est aussi contraire
à l'esprit des lois anciennes que le droit de représentation, et que si l'on se refuse au vu des textes à admettre
l'un, on est également forcé de repousser l'autre.

S'il n'y a pas de descendants, la succession est dévolue aux ascendants; le père et la mère succèdent

[1] Form. Marc., 11, 12. — [2] Wiarda, p. 256, 257. Marc., 11, 12.
Sed impia inter nos consuetudo tenetur, ut de terrâ paternâ sorores cum fratribus portionem non habeant.

avec égalité de droit [1]. A défaut d'ascendants la loi appelle les frères et sœurs du défunt [2], et le droit de représentation n'est toujours point admis, même après le décret rendu postérieurement par Childebert. S'il n'existe ni frères ni sœurs, la succession est recueillie d'abord par les sœurs du père du défunt et à leur défaut par les sœurs de la mère [3]. La loi gardant ici le silence sur les oncles paternels du défunt, Wiarda l'attribue avec raison à l'évidence de leur droit, et à l'inutilité d'une mention spéciale [4]. A défaut de frères et sœurs des ascendants du défunt, la loi appelle les plus proches parents du côté paternel [5]. Malgré les termes formels de la loi, Wiarda n'en a pas moins essayé d'étendre cette disposition ; suivant lui, il s'agit seulement ici de la faveur accordée aux parents du côté paternel d'exclure les parents maternels au même degré [6]. Il s'appuie sur ce que la ligne maternelle, même jusqu'au troisième degré était apte à succéder, et sur ce que la loi ripuaire n'établit aucune différence entre les deux lignes paternelle et maternelle. A cela nous répondrons que la loi ripuaire est un document bien faible comparé à la loi salique, et que si cette dernière loi peut servir à expliquer la première, on ne saurait admettre la réciproque. Ainsi la parenté maternelle ne donne des droits qu'à la tante seulement, c'est-à-dire à la sœur de la mère du défunt. A un degré plus éloigné, cette parenté cesse d'être un titre à l'hérédité, qui ne peut plus être dévolue qu'à la ligne pa-

---

[1] Lex Sal., t. 62, c. 1. — [2] Ibid. — [3] Ibid., c. 3, 4. — [4] Wiarda, p. 258. — [5] Lex Sal., t. 62, c. 5. — [6] Wiarda, 259.

ternelle. Quant au droit de succession accordée aux femmes dans la ligne paternelle, l'existence de ce droit résulte clairement des termes de la loi salique, puisqu'à défaut de parents dans la ligne paternelle les biens du défunt sont recueillis par le fisc; on peut en conclure que le fisc succède également aux biens de celui qui a rompu les liens de parenté [1].

Les femmes sont complètement exclues de la succession à la *terre salique* (*de terrá verò salicá in mulierem nulla portio hæreditatis transit* [2]. Cette disposition, qui d'abord n'avait trait qu'au droit privé, a acquis plus tard une haute importance politique en devenant une loi fondamentale qui règle l'ordre de succession au trône en France et dans plusieurs autres royaumes. De ce que cette dernière loi tire son origine de la disposition première que nous trouvons dans la loi salique, il faut bien se garder d'en conclure, comme on l'a fait souvent, que ces deux lois sont identiques, et que *terra salica* peut se traduire par *terra regia* [3]. A l'occasion de cette exclusion des femmes à la succession, on peut encore se demander si la loi raisonne dans un sens absolu, c'est-à-dire si le sexe féminin est exclu alors même qu'il n'existe aucun parent dans la ligne masculine. Ici Wiarda, s'appuyant toujours sur les dispositions de la loi ripuaire penche pour l'avis le moins rigoureux, accordant aux femmes la préférence sur le fisc. Toutefois les termes de la loi salique sont tellement précis et la considération du droit de la loi ri-

[1] Lex Sal., t. 63, c. 3. — [2] Ibid., t. 62, c. 6. — [2] Leibnitz, Cod. dipl., p. 11, 63, 97. — [3] Wiarda, p. 266.

puaire nous paraît si peu concluante en présence de l'énergie des prescriptions de la loi salique que nous ne saurions nous empêcher d'adopter le sens le plus rigoureux, ou pour mieux dire, le plus littéral.

Il ne nous reste plus maintenant pour achever de poser les fondemens du Droit français qu'à analyser la loi ripuaire, surtout dans ses rapports avec la loi salique.

LOI RIPUAIRE.

La rédaction de cette loi est incontestablement postérieure à celle de la loi salique. Eichhorn [1] l'a démontré d'une manière très judicieuse. Une première preuve que l'on pourrait appeler extérieure résulte des dispositions qui ont trait au pouvoir royal, lequel s'y trouve bien plus développé que dans la loi salique; cela s'applique aussi à la partie qui règle les priviléges des églises et du clergé [2]. La seconde preuve se tire de la rédaction même de la loi qui annonce une civilisation plus développée et contraste avec la rudesse et la barbarie des prescriptions de la loi salique. Rogge [3], dans un ouvrage précieux où il compare les deux lois, les a examinées sous trois points de vue différents. Suivant lui, à partir du titre ɪ jusqu'au titre xxxɪɪɪ, la loi ri-

[1] Deutsche Staats-und Rechtsgeschichte, § 58, note. — [2] Lex Rip. t. 56, 58, 60, c. 6, 61, 65, 69. — [3] Observationes de peculiari legis ripuariæ cum salica nexu.

puaire ne se rapproche aucunement de la loi salique pas plus que de toute autre loi germanique ; mais depuis le titre xxxiv jusqu'au lvi les deux lois offrent une similitude complète ; enfin, dans la troisième partie, on trouve comme un juste milieu entre les deux premières, c'est-à-dire qu'ici les deux lois tantôt s'éloignent tantôt se rapprochent l'une de l'autre [1]. La cause de ces divers faits, Rogge l'expose ainsi : les trente-trois premiers titres de la loi ripuaire ne s'occupent pour ainsi dire que d'amendes et d'attributions judiciaires ; or, c'est là le siége de ce qu'il pouvait y avoir d'original et de particulier aux Franks ripuaires, considération qui s'applique également à toutes les autres législations barbares. Là tout est primitif, indigène pour ainsi dire, et en rapport seulement avec les besoins spéciaux du peuple que la loi est destinée à régir [2]. Maintenant les emprunts faits à la loi salique s'arrêtent au titre lxii de cette même loi, par la raison bien simple que la loi salique ne renfermait primitivement que soixante-deux titres, et que les titres qui suivent sont des additions postérieures [3]. Du reste, même dans la partie qui fourmille de points de contact, la loi ripuaire s'éloigne quelquefois de la loi salique. Ainsi plusieurs omissions, par exemple pour ce qui est relatif au *reipus* [4], se rencontrent dans cette dernière loi. Les titres xxxvi et xxxvii de la loi ripuaire, qui n'ont aucun rapport avec la loi salique, ont été rédigés et annexés plus tard [5]. De même la troisième partie du

[1] Rogge, Ibid., p. 9. 11. — [2] Ibid., t. 1, p. 12. — [3] Ibid., p. 16. Eichhorn., § 56. — [4] Rogge, t. 1, p. 17, 26. — [5] Ibid., p. 28.

même code appartient à une autre époque que les deux premières [1].

Cette explication de Rogge ne manque pas d'une certaine importance en ce qui touche aux rapports extérieurs des deux codes; mais elle n'appuie pas assez sur les différences intimes et caractéristiques qu'il nous importe de signaler autant du moins que l'exige le sujet que nous traitons. Le Droit salique et le Droit ripuaire s'accordent sur la quotité de l'amende de 200 solidi imposée à celui qui enlève la femme d'un autre [2], mais ils diffèrent relativement à la composition que doit payer celui qui a attenté à l'honneur d'une fille libre. La loi salique inflige une amende de 62 schillings ou 62 et demi; tandis que la loi ripuaire n'en exige que 50 [3]. Suivant la loi ripuaire, si la fille ou la femme libre se trouvent au service du roi ou de l'église, celui qui tenterait seulement de la séduire ou qui l'enlèverait contre la volonté de ses parents est passible d'une amende de 60 schillings [4]. Dans la loi salique il n'est question ni du roi ni de l'église; et au lieu de parler de séduction (*seducere*) elle emploie l'expression plus grossière de fornication (*in occulto machatus fuerit*), et n'impose qu'une amende de 45 schillings [5]. D'après la loi salique un enfant qui n'a pas atteint l'âge de douze ans ne peut être traduit en justice pour un délit quelconque (*fredus ei non requiratur*) [6]. Dans la loi ripuaire cette faveur s'étend jusqu'à l'âge de quinze

[1] Rogge, lib. 1, p. 28, 29. — [2] Lex Sal., t. 19. Lex Rip., t. 35. — [3] Lex Sal., t. 19, § 5. Lex Rip., t. 35, § 2. — [4] Lex Rip., t. 55, § 3. — [5] Lex Sal., t. 19, § 14. — [6] Ibid., t. 26, § 9.

ans ; et ce que la loi salique ne dit que des garçons, celle-ci l'applique également aux filles [1]. La doctrine du *reipus*, aussi bien que toutes les formalités relatives à *l'achat de la veuve*, manquent totalement dans le Droit ripuaire : ces dispositions sont du reste isolées dans la loi salique et disparaissent peu à peu dans les dispositions postérieures qui ont trait plus spécialement à l'état des veuves. De même la théorie de l'*affatomie* ou de la donation à cause de mort est exposée avec beaucoup plus de clarté dans le Droit ripuaire. Il y est statué qu'à défaut de fils et de filles (*si quis procreationem filiorum vel filiarum non habuerit*) on peut faire donation de tous ses biens par acte ou par tradition devant témoins [2]. Il n'est ici aucunement question des longues formalités prescrites par la loi salique. Point de répétition des formes de la tradition, point de repas offert par le donateur ; un acte authentique ou la tradition devant témoins, il n'y a pas d'autre alternative. Une fois faite, la tradition est valable à toujours sans qu'il soit besoin, comme dans le Droit salique, d'aucune formalité postérieure. D'après la loi ripuaire, la donation entre époux revient après leur mort à leurs héritiers ab intestat, si le survivant ne l'a pas employée à ses besoins ou à des aumônes [3]. Cette disposition, comparée à ce que nous lisons dans la loi salique sur l'*adfatimie*, offre des traces de développement et de civilisation telles, qu'on ne saurait s'empêcher de reconnaître une loi réelle à la place de ce qui n'était qu'une coutume écrite. Le droit de succession au *titre*

[1] Lex Rip., t. 81. Similiter et filia. — [2] Ibid., t. 48. — [3] Ibid., t. 49.

de Allodibus, est également conçu et formulé d'une manière bien plus nette dans le Droit ripúaire. Les parents ne succèdent plus à l'infini, il y a une limite (*usque ad quintum genuculum*) [1] au-delà du cinquième degré, ce ne sont plus seulement les parents paternels, mais tous les parents en général qui arrivent à la succession [2]. De même il n'est plus ici question de *terra salica,* mais bien de *terra aviatica;* et les femmes n'en sont exclues qu'au cas seulement où elles viendraient en concours avec des héritiers mâles [3].

Après avoir examiné tour à tour les dispositions des diverses lois germaniques qui forment la base du droit français, nous allons maintenant exposer dans leurs rapports respectifs, les traits caractéristiques de ces mêmes lois. Si la loi des Visigoths ne nous présente que du droit romain dégagé presque de tout élément germanique, il en est tout autrement, soit quant à la forme de la rédaction, soit quant à l'esprit même de la loi, du moment où nous abordons le droit burgonde. Ici sous le point de vue extérieur et général, l'élément romain est très rare; ce n'est plus, comme dans la loi wisigothe, l'expresion d'une pensée première toute romaine; ce n'est plus, comme dans le droit lombard, une législation susceptible de se mélanger de conceptions latines, et de mitiger la rudesse des prescriptions germaniques par les raffinements du rationalisme romain. C'est une législation incomplète, enfantée par des besoins extérieurs et accidentels, semée de contra-

---

[1] Lex Rip., t. 56.— [2] Ibid. — [3] Ibid. Sed dum virilis sexus extiterit, feminam in hœreditatem aviaticam non succedat.

dictions, et enrichie d'additions successives. Son caractère est tout barbare ; et on ne saurait en dire autant
des lois lombardes ou wisigothes. Toutefois, dans le
droit burgonde, nous ne pouvons nous empêcher de
reconnaître quelques traces de l'esprit méridional, et
un lien de connexité assez intime avec l'Espagne et
l'Italie.

Ici la forme est plus brillante, plus cultivée que dans
les autres législations du nord ; les diverses doctrines,
les systèmes divers y sont plus développés, et offrent
bien plus de rapports avec le *fuero juzgo*, qu'avec la
loi salique. Le droit romain ne s'y trouve pas à la vérité comme l'élément primitif, et cependant il y pénètre assez facilement, et on dirait la loi burgonde organisée tout exprès pour en faciliter l'introduction.
Ainsi, si nous jetons les yeux sur la partie relative au
mariage, nous y verrons la condition du *pretii* (wittemon) , bien plus clairement exprimée que dans la loi
wisigothe, où l'obligation de la dot de la part du mari
ne nous apparaît pas sous la forme d'une prescription
positive et générale [1]. Le pretium ne s'y montre pas
accidentellement et sous une forme symbolique ; il
semble constituer la question principale qui résulte du
fait de séduction ou de rapt. Outre le wittemon, nous
rencontrons encore dans la loi burgonde une donation
propter nuptias, importation toute romaine. Le sens
rude et grossier du *wittemon* s'y trouve adouci ; ce
n'est plus un prix d'achat, mais bien un simple don,
un témoignage d'amour conjugal, tel que nous le ren-

[1] Gans Erbrecht., p. 505.

controns plus tard avec de nouveaux développements, dans la théorie du *witthum* (douaire) germanique. Quant aux prohibitions de mariage, le droit burgonde garde à ce sujet un silence complet; et ceci prouve le caractère primitif et barbare de cette législation, non pas qu'il n'existât déjà des prohibitions absolues; mais dans un système de lois incultes et naissantes, on ne sent pas encore la nécessité de prescriptions formelles et générales. La doctrine du divorce, de l'adultère et du convol en secondes noces, présente un alliage de rudesse germanique, adoucie par l'influence de l'esprit romain. Dans toutes les lois barbares, nous remarquons que la puissance paternelle n'est point définie et formulée avec le même soin que les autres parties du droit de famille. Le droit burgonde ne s'occupe guère que des questions de rapports intimes du père aux enfants, ou d'identité de personnes (comme on dit en droit nouveau); ainsi, les fils parvenus à l'âge de quatorze ans sont tenus, sous peine d'esclavage, de dénoncer le crime commis par leur père. L'idée du pouvoir paternel ne prédomine point ici; il s'agit bien plutôt d'un système de communauté de relations, qui met surtout au grand jour la division presque toujours indispensable de la fortune entre les enfants. La disposition qui enlève tout caractère d'efficacité à la dernière volonté du père (*scriptura*), prouve évidemment les limites posées au pouvoir de ce dernier; et le système suivi par la loi d'adopter un point de départ contraire à l'omnipotence paternelle. Dans la partie relative au droit de succession, l'esprit germanique se révèle dans toute sa pureté : les filles sont exclues par les mâles ; ce n'est qu'à leur défaut qu'elles arrivent à la succession. Des considérations religieuses ont fait établir une exception à cette règle, en faveur des filles qui se seraient consacrées au service de Dieu. On y rencontre également, quant aux choses, une distinction générale ; il y a des choses *masculines* et des choses *féminines*. Le mobilier et les habits appartiennent de droit et exclusivement aux filles, et une fille non mariée ne peut avoir d'autres héritiers que ses sœurs ; l'égalité des choses et des sexes , en matière de succession admise en droit romain, est repoussée par le droit Burgonde , si l'on en excepte une seule regle que nous rencontrons dans la jurisprudence postérieure. La théorie du testament y est tellement confuse , qu'il nous est permis de regarder son existence légale comme problématique.

Plus nous nous rapprochons du nord , plus l'imitation romaine devient rare , plus la législation devient grossière et incomplète ; et même peut-on dire qu'on n'y rencontre pas tout d'abord l'esprit du nord dans toute sa pureté , et il nous faut passer par la chétive nullité des lois bavaroises et allemandes, avant de rencontrer dans la loi salique le principe fondamental des conceptions germaniques. Le système des prohibitions de mariage , emprunté aux Romains par le Code bavarois, nous présente au premier coup d'œil une apparence de progrès, quand on le compare à la législation burgonde ; mais après un examen plus attentif, on aperçoit une foule de lacunes ; quant aux autres parties du sujet, tandis que les dispositions de la loi burgonde

sur la séduction, sur le rapt et la fornication compen-
sent amplement le silence de cette même loi sur les
prohibitions de mariage ; et la loi des Bavarois ne nous
apparaît plus alors que comme l'expression des idées
d'un peuple barbare et nomade, qui ne s'est point encore fixé sur le sol. Si le Code bavarois ne traite pas
du mariage *ex professo*, on peut ajouter qu'il ne dit
mot de la puissance paternelle, et le droit de succession ne présente qu'un amas de cas particuliers, qui se
reproduisent souvent sous une toute autre rubrique et
dans une autre matière : il n'y a guère de germanique
que la préférence accordée aux mâles. Le Code des Allemands est un peu plus riche ; dans quelques dispositions qui tiennent au mariage, et où il prévoit le cas
d'enlèvement d'une femme mariée ou d'une fiancée, il est plus développé et plus précis ; mais le pouvoir que la loi accorde à l'époux outragé sur le
fils du ravisseur, et qui n'est qu'une réminiscence
du droit *indien*, *persan* et *mosaïque*, prouve que le
mariage n'y est considéré que sous un point de vue de
propriété matérielle, et que l'idée morale est encore à naître. Le droit de succession est beaucoup
plus incomplet ; les fils sont préférés aux filles : les
droits de la veuve sur la dot et le don nuptial, les
preuves par lesquelles elle établit ce droit, forment la
partie principale des dispositions relatives au droit de
succession.

Si la législation des Bavarois et des Allemands n'est
qu'une transition pour arriver au droit germanique,
c'est dans la loi salique que nous trouvons enfin cet

élément primitif, cette expression réelle et originale de l'esprit du nord. Ce ne sont plus ici des dispositions fugitives et passagères comme le peuple nomade qui les enfanta ; les règles sont à la vérité peu nombreuses et insuffisantes, mais elles sont susceptibles de se développer et de porter des fruits. Tout le droit coutumier des temps postérieurs trouve là sa base et son origine, et l'importance dont il a joui prouve ce qu'il y avait de positif et de remarquable dans la législation qui lui donna naissance. **Du** commencement à la fin, le mariage y apparaît protégé par une idée morale : l'époux, accompagné de ses parents, adresse sa demande aux parents de la jeune fille dont il veut obtenir la main. Vient ensuite le paiement des arrhes ; mais ici le *pretium* donné pour obtenir la femme n'est plus présenté comme le fait essentiel pour constituer le mariage ; celui qui veut épouser une veuve doit faire sa déclaration devant le tunginus et le centenier, ensuite on paie le *reipus*. La base constitutive du mariage n'est plus seulement un prix matériel, comme dans les autres lois barbares, ou comme dans le droit romain, le simple consentement des parties, mais bien le concours des familles, c'est-à-dire l'assentiment des parents des deux époux. En cela la loi s'accorde avec le droit grec et le droit du nord, d'après lequel on ne peut recevoir une femme que des mains de son *Kurios* ou de son *Giptoman*. Quant au *solidus* et au *denarius* exigés, ils ne représentent qu'une valeur fictive, tenant la place du douaire qui se concède postérieurement par la donation du tiers de la fortune de l'époux. La théorie du mariage se trouve ainsi posée dans le droit salique sur sa véritable base. Plus tard, le prix d'achat pourra prendre une signification purement symbolique, s'effacer même entièrement, sans que pour cela le douaire se trouve atteint. L'obligation de faire la demande en présence des parents respectifs des deux époux pourra disparaître peu à peu ; mais le consentement de ces derniers n'en restera pas moins une condition essentielle du mariage. Les droits divers des parents, relativement à la composition due pour un meurtre, se trouvent également fixés d'une manière bien plus nette que dans toute autre législation barbare. Les fils n'y ont pas un droit exclusif ; ils doivent partager le prix du meurtre avec les autres parents de la victime : nous sortons déjà du cercle de la vengeance privée. Quand les héritiers directs seuls sont admis à prendre part à la composition, on en conclut que le crime n'est encore aux yeux de la loi qu'une offense envers quelques membres de la société : mais du moment où les parents plus éloignés sont appelés à recueillir une portion de ce prix, dès-lors, si ce n'est pas encore la société, c'est du moins la famille tout entière qui se déclare lésée par le meurtrier ; et il n'y a pas loin de cette idée à celle qui présente l'état comme attaqué dans la personne d'un de ses membres, et autorisé par là à prendre en main la punition du coupable. Les parents qui participaient au *wehrgeld* étaient tenus d'en garantir le paiement au cas où le meurtrier serait insolvable : la famille n'est pas là uniquement pour recevoir ; comme l'état, elle doit répondre de la punition du crime. Si, après avoir été traduit en dernière instance et avoir subi l'exposition, le meurtrier n'est pas racheté , il est alors passible de la peine capitale; ainsi on arrive , après bien des détours, à ce qui , abstraction faite de toute parenté , eût dû servir de point de départ. Ce qui distingue avantageusement le droit salique des législations germaniques antérieures , c'est qu'une vaine composition, recueillie par les plus proches parents du mort, ne suffit pas pour laver le crime ; la famille entière du meurtrier est responsable, et l'on commence à voir dans toute sa vérité l'idée d'une sanction pénale et vengeresse. Cette solidarité, fondée sur les liens de famille, peut être abolie par le fait de la renonciation volontaire de l'un des membres, aux relations de communauté.

Le droit de succession dans la loi salique, se trouve également constitué sur une base bien plus solide. La *testamenti factio* n'est plus ici comme dans les autres lois barbares, notamment celle des Burgondes, une importation romaine faite à la légère; on rencontre des formalités graves, des prescriptions étendues : obligation pour l'héritier de se transporter dans la maison du testateur, repas offert par ce dernier , répétition de la tradition , et enfin preuve par témoins. La légèreté apportée aux dispositions testamentaires répugne au caractère germanique. A la vérité, l'efficacité d'un testament ne saurait être entièrement annulée ; mais toujours est-il que ce n'est qu'à la condition de remplir de nombreuses et difficiles formalités, que le testateur pourra s'écarter des voies naturelles, pour imposer son libre arbitre. Il ne nous reste plus qu'à rappeler la distinction frappante établie entre l'*aleu* et la *terre salique;* il est vrai de dire que dans les autres lois germaniques, se trouve également mentionnée cette différence, entre le patrimoine proprement dit, ou *sors*, et les diverses propriétés qui ont pu s'y joindre accidentellement. Mais nous ne rencontrons nulle part cette ligne de démarcation si nettement tracée, entre l'*aleu* et la portion de terrain primitivement cédé au vainqueur par le vaincu ; cette partie du patrimoine ne peut devenir la propriété des femmes, qui héritent de l'aleu à défaut de mâles. Cette rigoureuse exclusion des femmes prononcée par la loi salique, a donné naissance plus tard à toutes les lois politiques, qu'à tort ou à raison, on a décorées du même nom ; ce qui dans les autres lois germaniques n'implique qu'un simple droit de primauté ou une préférence accordée aux mâles, se trouve ici sous la forme catégorique d'une exclusion absolue des femmes.

La loi ripuaire est parfaitement conforme à la nature et à l'esprit de la loi salique ; on pourrait presque dire que la seconde n'est qu'une nouvelle édition de la première plus correcte et plus développée. Nous nous contenterons de rappeler ici que dans la loi ripuaire le *reipus* a complétement disparu ; que la donation à cause de mort se trouve dégagée de toutes les formalités qui l'entravaient dans la loi salique ; que dans l'hérédité *ab intestat*, les parents ne succèdent plus à l'infini, mais bien jusqu'au huitième degré ; passée cette limite, les parents paternels seuls ont droit à la succession. Encore un fait que l'on peut constater comme un progrès, c'est la transformation de la *terra salica* en *terra aviatica*, et le droit accordé aux femmes d'arriver à la succession à défaut de mâles. La route parcourue par nous depuis la loi des Wisigoths jusqu'à la loi des Ripuaires, nous a conduit, en nous faisant passer à travers des législations d'une physionomie incertaine et blafarde, à la tige la plus vivace des institutions germaniques, à la loi salique qui, à son tour, a besoin d'être modifiée, développée et adoucie par une loi postérieure. Nous n'avons plus maintenant à nous occuper que des modifications apportées aux lois barbares par les Formules et les Capitulaires.

FORMULES ET CAPITULAIRES.

L'opinion de Biener, qui prétendait que la plus grande partie des Formules ne contenait que du Droit romain, a déjà été victorieusement réfutée [1]. Il est certain que le droit des peuples vainqueurs prédomine dans les Formules; et que les divers fragments de Droit romain qu'on y rencontre, proviennent de ce qu'une partie de ces lois fut rédigée par des moines chez lesquels le Droit romain s'était conservé intact, ou encore de ce que dans certains cas, le secours de la législation

[1] Eichhorn Deutsche Staats-und Rechtsgeschichte, § 155, note a.

romaine n'a pas été jugé inutile. Ainsi pour ce qui concerne le mariage, nous voyons déjà les donations entre époux introduites dans les Formules de Marculf. D'après la loi ripuaire[1], y est-il dit, les époux qui n'ont pas de postérité peuvent se faire respectivement donation de tous leurs biens, à la condition seulement qu'après la mort du survivant, la donation retombera dans les mains des héritiers respectifs des époux, dans le cas cependant où le survivant ne l'aurait pas dépensée pour satisfaire à ses besoins, ou accomplir des œuvres de bienfaisance. D'après le Droit ripuaire, une semblable donation doit être faite dans le palais du roi *in praesentiá regis*. Nous trouvons dans Marculf[2] un exemple d'une donation entre époux confirmée par le roi. Les biens y sont énumérés dans leurs diverses parties, et la donation comprend non seulement les propriétés allodiales dont le donateur a pu hériter de ses pères, mais encore les bénéfices à lui concédés, ainsi que tous ses biens mobiliers, tel que l'or, l'argent, les meubles et les vêtements (*drappos*). Dans une autre Formule, Marculf cite un acte pareil, avec cette différence, qu'ici la donation n'a pas été constituée devant le roi, mais apparemment devant le comte ou l'échevin[3]. En ceci, il y a progrès, c'est une modification de l'*adfatisme germanique*, dans le sens des principes du Droit romain. Dans cette dernière Formule, se trouve un fait nouveau, c'est la sanction de la donation par une peine

---

[1] Lex Rip., tit, 50, 51.— [2] Marculf. Form. I, 12. Canciani, II, 197, 198.— [3] Marc. Form., II, 7. Canciani, II, 227. Savigny, Hist. du Droit rom. au moyen âge, II, 125.

portée contre les héritiers qui s'opposeraient à la volonté du donateur. Il y est statué également qu'en aucun cas, l'époux donataire ne pourra aliéner ou diminuer les biens formant la donation [1]. A ces Formules de Marculf, constatant l'énergie de la loi ripuaire, nous pouvons joindre celles de Bignon [2] qui viennent corroborer l'opinion déjà émise par nous, que le fait du paiement du *solidus* et du *denarius*, établi par la loi ripuaire, n'est que le fait précurseur d'une donation plus importante, constituée par le mari. Dans la cinquième Formule de Bignon, un époux désirant se marier suivant la loi salique, c'est-à-dire *per solidum et denarium*, fait donation à sa fiancée d'une propriété avec toutes ses dépendances (*mansis ad commanendum cum casticiis, suprapositis terris arabilibus et mancipiis*). Cette donation nous est représentée comme ayant pour fondement le mariage *per solidum et denarium* [3]. L'union des deux faits nous paraît en ressortir clairement. Ces donations peuvent aussi se faire par *libellis dotis*, comme nous en rencontrons chez Marculf. Ici ce n'est plus le fiancé qui donne à sa fiancée, c'est le beau-père qui dote sa belle-fille [4]. Quelquefois aussi le don vient du fiancé [5] ; nous en voyons un exemple dans la première Formule de Mabillon [6]. La constitution d'un semblable douaire ne se rencontre pas seulement dans

---

[1] Mac. Form., II, 8. — [2] Form. Bign., V. Canciani, II, 270. — [3] « Dum et ego te per solidum et denarium secundum legem salicam visus fui sponsare, ideo in ipsâ amoris dulcedine dabo ergo tibi à die presente, » etc. — [4] Marc. Form., II, 13. Canciani, II, 230, 231. — [5] Mac. Form. appendix, 37. — [6] Canciani, III, 469.

les mariages faits suivant la loi salique, mais encore
dans ceux qui sont expressément de Droit romain [1].
Le *dotalitium* prend alors la forme de la donation
propter nuptias, quelque chose de semblable à *l'antefactum* usité en Italie. C'est encore dans une Formule
de Mabillon que nous trouvons le mode de dissolution du mariage. L'union des époux, y est-il dit, devenant impossible par le fait du démon (*faciente ini-
mico*) et par la prohibition de Dieu (*interdicente Deo*),
chacun d'eux donne à son conjoint la permission de
se remarier [2]. A cette époque, l'interdiction rigoureuse
des seconds mariages prononcée par l'église, et l'ex-
comunication encourue à ce sujet, n'étaient pas parvenues à ce degré de puissance qu'elles obtinrent plus
tard. Dans une autre Formule de Marculf [3], il est dit
que le mariage est dissous parce que la discorde a pris
la place de l'amour, suivant le Seigneur (*caritas secundum Deum*). Chacun des conjoints peut à son gré ou
se retirer dans un couvent ou convoler en secondes
noces.

Quant à la partie relative à la puissance paternelle,
c'est encore dans les Formules de Marculf que nous
trouvons des traces de l'adoption. Celui qui est privé

---

[1] Form. Mabill. Canciani III, 476. « Qualiter te secundum legem
romanam sponsatam visus sum habere. » — [2] Form. Mabill., 56.
Canciani, III, 480. — [3] Form. Marc., II, 30. Canciani, II, 238. Dans
la dix-neuvième formule de Sirmondi (Canciani, III, 441.), qui contient également le *Libellium repudii*, la permission du divorce ne
paraît pas aussi nettement exprimée : mais les Formules de Sirmondi
ne contiennent en grande partie que du Droit romain.

de postérité peut adopter un étranger, le nourrir et le vêtir, et en cas de mort le constituer héritier de tous ses biens [1]. Nous rencontrons des dispositions à peu près semblables dans une Formule de Sirmondi [2]; mais ici l'influence du Droit romain est plus évidente et la puissance paternelle plus développée, puisqu'elle s'étend jusqu'au droit d'enfermer les enfants dans un cloître. Un exemple pareil se lit dans la Formule de Baluze [3]. Marculf parle d'un acte de donation du père aux enfants (*charta obnoxiationis*) [4], voici l'espèce : en thèse générale les enfants doivent hériter de la dot constituée par leur père à leur mère ; mais ils ont jugé à propos d'en laisser l'usufruit au père, concession qui s'opère sans formalités juridiques : le père par reconnaissance donne alors à ses enfants d'autres biens, outre la dot qui leur appartient déjà. Nous rencontrons ailleurs d'autres donations du même genre en faveur de quelques-uns des fils ou des petits fils qui doivent alors en jouir de préférence à leurs frères ou aux autres héritiers [5]. On trouve aussi fréquemment dans les Formules de Marculf des exemples de tutelle déférée au juge [6].

Pour ce qui concerne le droit de succession, tel qu'il est établi dans les Formules, nous rappellerons que nous en avons déjà fait mention en soulevant la question de savoir si les filles viennent à la succession en

---

[1] Marc. Form., II, 13. Canciani, II, 230. — [2] Form. Sirm., 23. Canciani, III, 442, Savigny, Hist. du Droit rom., II, 124. — [3] Canciani, III, 458. — [4] Ibid., 228. — [5] Marc. Form. II, 11. Canciani, II, 229, 271. Form. Bign., IX. — [6] Marc. Form., I, 8. Canciani, II, 194.

concours avec les fils; nous avons déjà observé que l'affir-
mative peut se déduire des Formules de Marculf[1], en
observant toutefois que rien n'autorise à faire l'application des mêmes idées à la loi salique ; car Marculf
dit expressément : « *Diuturna sed impia consuetudo inter nos tenetur, ut de terrá paterná sorores cum fratribus portionem non habeant.* » A la vérité il ajoute que
le père, reconnaissant que tous ses enfants lui viennent
également de Dieu, s'élève contre une semblable coutume ; mais ceci tend justement à prouver qu'il s'agit
de l'introduction d'un droit nouveau sollicitée par le
vœu paternel. Le même fait se remarque dans l'appen-
dice[2] aux Formules du même auteur, où l'on se réfère
à la loi salique pour établir nettement la distinction
entre le droit ancien et le droit nouveau. C'est aussi
dans les Formules que nous voyons paraître pour la première fois le droit de représentation en faveur des fils
et des petits-fils, qui d'après les lois antérieures se trouvaient exclus par le degré plus rapproché[3]. C'est à ce
développement du droit qu'on doit attribuer l'aboli-
tion des distinctions de sexe, et la faculté accordée aux
descendants à l'infini de représenter leur auteur. De
même celui qui n'a pas d'enfants légitimes peut instituer ses enfants naturels héritiers *ex asse.* Ici on peut
se demander si les mots *gesta lex consuetudo,* employés
par les auteurs, s'appliquent au Droit romain. On aurait grand peine à trouver une autre source à ces dis-

---

[1] Marc. Form., I, 8. Canciani, II, 229. — [2] Marc. Form., app., 49.
— [3] Marc Form., II, 10. Canciani, II, 228.

positions [1]. Le fait le plus intéressant pour nous dans cette partie des Formules; c'est la distinction établie entre les enfants naturels et les enfants légitimes, et qui est basée sur cette circonstance que la mère des premiers n'a pas reçu du père la *chartola dotis* [2]. Ce qui dans le droit *attique* distingue la femme légitime de l'*Hetaïre*, c'est que la première apporte une dot à son époux; la même différence existe dans les Formules entre le mariage et le concubinat; seulement ici c'est la femme légitime qui reçoit une dot de la part du mari. Dans l'antiquité l'absence de dot impliquait l'idée de dépendance; dans les lois germaniques l'absence du *wittemon* est le signe d'une affection moindre. Mais déjà nous voyons ici ce qu'on appelait jadis concubinat se transformer en mariage de la main gauche, ce qui justifie en quelque sorte le nom de *matrimonium ad legem salicam* donné à ce genre d'union, d'autant plus qu'il n'est point question dans cette formule d'un concubinat, mais bien d'un vrai *conjugium*, et la seule conséquence de ce défaut de *chartola libelli dotis*, c'est d'exclure les enfants de la jouissance des biens paternels.

Bien que dans les Formules, l'hérédité *ab intestat* n'offre que très peu de développements, il n'en est pas moins facile d'y reconnaître la présence du vrai testament romain. Quand on se reporte aux disposi-

---

[1] Mac. Form., II, 52. Carciani, II, 266 Savigny, II, 126. — [2] Sed qualis causa vel tempora me oppresserunt ut chartolam libelli dotis ad eam, sicut lex declarat minimè excessit facere, undè ipsi filii mei secundùm legem naturales appellantur.

tions rudes et barbares de la loi salique, concernant l'*adfatisme*, et aux modifications légères qu'elles subissent dans la loi ripuaire, il est impossible de ne pas être frappé du contenu des Formules. Ici nous apparaît [1] clairement la théorie du testament, l'obligation de le déposer entre les mains du *defensor* et de la curie [2] (*allegari*) et l'autorité que donne à ce même testament l'acte de l'allégation ainsi conçu : « *Quædam enim in manibus habeo, quæ gestorum cupio allegatione roborari* » [3] Dans une autre formule [4] il est question d'un testament mutuel au profit de chacune des parties. Le testament était rédigé par le *notarius*, et ensuite à un jour fixé (*quomodo dies legitimus post transitum nostrum advenerit*) il recevait la sanction des magistrats municipaux. Ici s'élève la question de savoir si le testament est public ou privé et s'il n'acquiert son effet que par la tradition. *Savigny* [5], dont je partage ici l'opinion, remarque avec beaucoup de raison que l'on a souvent confondu les solennités relatives à la confection, et celles relatives à l'ouverture des testaments. Mais si cette ouverture solennelle eût suffi pour donner à l'acte toute la publicité nécessaire, il est clair que les formalités exigées pour la confection seraient parfaitement inutiles : et cependant il est dit formellement [6] que le testament, *recognitis sigillis et inciso lino*, doit en-

---

[1] Marc. Form., II, 37. Canciani, II, 241. — [2] Ed. Theod., c. 72.— [3] Marc. Form , II, 37.— [4] Ibid., 47. Canciani, II, 252.— [5] Hist. du Droit rom. au moyen âge, I, 84, II, 125, note 126. — [6] Marc. Form., II, 47.

15

core recevoir la sanction de la municipalité ; d'où l'on peut conclure qu'il s'agit ici d'un testament privé, fait suivant le droit romain, dont l'ouverture seulement est accompagnée de formalités judiciaires : du reste cette *recitatio* du testament n'est pas une formalité nouvelle, c'est une importation toute romaine, dont nous trouvons des traces dans les Pandectes, dans le Code, et dans les Sentences de Paul [1].

Ainsi donc il résulte de l'aspect général des Formules que le droit barbare s'est développé et que les prescriptions rudes et incomplètes de la législation antérieure commencent à disparaître, et cependant les lois des rois francs qui depuis Charles Martel, ont pris le nom de Capitulaires, prouvent que le droit n'est pas encore un droit populaire, ou que cette dénomination ne lui appartient que pour un petit nombre de cas. Car si dans les Formules nous trouvons un mélange romano-germanique, dans les Capitulaires prédomine la puissance de l'église, et la législation organisant la famille, s'empreint alors pour la première fois d'une teinte canonique. Nous allons donc analyser ici les principaux caractères des Capitulaires, sans nous laisser égarer par cette opinion qui plus tard a présenté plusieurs de leurs dispositions comme des sources du droit canonique.

Dès le principe, le mariage y est envisagé comme une institution divine, non point destinée à satisfaire des besoins sensuels, mais bien à procréer des enfants.

[1] L. 18, 19, c. de test., 1, 6. D. test. quem. oper. Pauli, recep. sunt, IV, 6, § 1, 2.

Le mari doit honorer sa femme en raison même de sa faiblesse [1] ; il lui est défendu d'entretenir simultanément une concubine [2]. Du reste la vie commune ne suffit pas pour donner au mariage un caractère de légitimité. Le concubinat et le mariage diffèrent en ce que ce dernier seulement est le siége du sacrement conjugal [3]. Il ne peut exister de double mariage ; celui qui quitte sa servante pour prendre une femme légitime, fait un progrès dans la voie de l'honnêteté (*profectus honestatis*) [4]. Ce mystère ou sacrement conjugal répond à ce que nous avons vu dans les Formules, au sujet de la constitution de dot faite à la femme et de la cérémonie publique qui parachevait le mariage [5] : à ces formalités essentielles, on ajoute ici l'obligation de l'assentiment des ascendants et des parents De plus les époux doivent être fiancés par le prêtre, et l'épouse est sous la garde des paranymphes jusqu'à la consommation du mariage [6]. Cependant la constitution d'une dot à la femme, et la cérémonie publique, semblent encore former ici la condition essentielle [7]. Si après avoir reçu la dot, le père refuse sa fille, il est tenu de restituer ce qu'il a reçu [8]. L'avantage qui résulte pour l'homme de l'état de mariage, c'est d'être exempt du service militaire pendant la première année, afin qu'il puisse, dit la loi, se consacrer exclusivement à sa femme [9].

---

[1] Cap. L. VI, 230, 432. — [2] Ibid., 433. — [3] Ibid., VII, 53. — [4] Ibid., 63. — [5] Ibid., 105. — [6] Ibid., 463. — [7] Ibid., VI, 153. — [8] Ibid., 25. — [9] Ibid., 52. Voyez le cinquième livre de Moïse, ch. 4 et 5 où la même disposition se trouve textuellement.

Ici se trouvent des peines et des amendes destinées à punir le fait de rapt d'une jeune fille. En général les principes adoptés sont ceux des conciles précédents, si le ravisseur est un clerc il perd son titre ; si c'est un laïque il est puni de l'anathême [1] ; si la fille enlevée est déjà fiancée, elle est rendue à son fiancé [2] ; si le père néglige de demander le châtiment du coupable, le comte lui-même doit forcer ce dernier à payer une amende (*freda*) au roi et au fiancé [3]. Celui qui aurait par violence épousé une veuve est tenu de rendre à cette dernière ce qui lui appartient (*legem suam*) et doit s'abstenir désormais de tout commerce avec elle [4] Jamais le ravisseur ne peut épouser la femme ravie [5] ; car personne ne peut épouser la fiancée d'un autre [6]. Si par exemple un frère a commis un adultère avec la femme de son frère, la loi lui défend de se marier jamais avec sa complice [7]. Il en est autrement, si quelqu'un enlève la fiancée d'un tiers avec le consentement de la femme elle-même ; alors il doit lui constituer une dot et l'épouser ensuite [8]. Les Capitulaires prohibent sévèrement le mariage ou l'enlèvement des filles consacrées à Dieu [9] ; il est également défendu aux prêtres de loger *inconsidérément* (*indiscretè*) des femmes dans leur maison [10]. Les empêchements au mariage résultant de la parenté s'étendent jusqu'au sixième degré [11]. Les

[1] Cap. I, 97, 98. V, 223, 25.— [2] Ibid., I, 99. — [3] Ibid., IV, 22. — [4] Ibid , 17. V, 106, 233,— [5] Ibid., VII, 595.— [6] Ibid., I, 51. — [7] Ib., V, 21.— [8] Ibid., VI, 24.— [9] Ibid., 1 100. V, 226. VII, 411.— [10] Ib., I, 92 V, 176, 524.— [11] Ibid., V, 166. VI, 209.

peines portées contre l'inceste [1] sont très modérées comparativement à ce qu'elles deviennent plus tard [2]. Pour ce qui concerne la dissolution du mariage et la répudiation de la femme, les Capitulaires sont en opposition avec les Formules ; c'est-à-dire qu'ici les seconds mariages sont prohibés d'une manière absolue [3]. Celui qui sans un motif valable répudie sa femme est excommunié par l'église [4] ; la femme qui a perdu son époux ne peut prendre le voile qu'après trente jours [5]. Il n'y a qu'un seul cas où le mariage est regardé comme nul dès le principe et où la femme peut se remarier ; c'est celui où l'époux est incapable de remplir ses devoirs conjugaux [6] ; en général une femme mariée ne peut prendre le voile : une jeune fille ne peut le prendre avant vingt-cinq ans à moins de circonstances pressantes [7] ; car il est surtout important que ceux qui se consacrent à l'état religieux jouissent de toute leur raison [8].

Tout ce qui concerne le mariage, dans les Capitulaires, est plus riche de développements que toutes les autres parties du droit civil ; ceci tient à une foule de moyens subsidiaires d'origine canonique, et à la fréquence des citations tirées des décisions des Conciles ; il en est tout autrement des dispositions concernant les autres parties du droit de famille, ici tout est incomplet et les lacunes sont frappantes ; le pouvoir paternel est établi de la manière suivante :

[1] Cap. V, 9. — [2] Cap. addit. III, 123. — [3] Cap., I, 42. V. 79. — [4] Ibid., VII, 395. — [5] Ibid., I, 96. — [6] Ibid., VI, 91. — [6] Ibid., I, 45. — [8] Ibid., I, 109.

d'abord le législateur commence par rappeler l'ancien testament en témoignage du respect que les enfants doivent à leurs parents [1], ensuite les parents ou à leur défaut les parrains sont tenus de se charger de l'éducation des enfants [2]. Personne ne peut tenir son propre enfant sur les fonts de baptême [3]; si quelqu'un a vendu sa fille; elle ne peut être conduite chez un autre peuple, et si c'est la volonté de son maître, il peut lui rendre liberté, et elle censée avoir toujours été *ingénue* [4]. Les Capitulaires ne parlent pas de l'*unitas personæ* entre le père et les fils, ni des peines qu'ils peuvent respectivement encourir, à l'occasion l'un de l'autre, telles que nous les rencontrons dans les lois burgondes. Le père ne peut être puni pour son fils, ni le fils pour son père; chacun d'eux n'est responsable que de ses propres méfaits [5]. On a adopté la disposition du sénatus-consulte Macédonien qui dispense les fils de l'obligation de payer les dettes contractées par eux pendant la vie de leur père et à son insu [6]. La donation faite par le père à son fils peut-être revoquée pour cause d'ingratitude [7]. Si une femme a pendant son sommeil étouffé son enfant, elle est punie de l'obligation de vivre de pain et d'eau pendant six ans. Le mari habitant la même maison, subit pendant quatre ans la même peine; s'il couchait dans le même lit, la durée de sa punition est la même [8]. Les parents peuvent

---

[1] Cap., I, 63. — [2] Ibid., II, 48. V, 96. — [3] Ibid., 167. — [4] Ibid., VI, 4. — [5] Ibid., 53. — [6] Ibid., VII, 504. — [7] Ibid., 529, 550 — [8] Ibid., 582.

vouer leurs enfants à l'état ecclésiastique, mais les enfants mâles doivent, une fois parvenus à l'âge de raison, justifier eux-mêmes de leur vocation [1]. Nous ne rencontrons dans les Capitulaires qu'une seule disposition concernant les pupilles. Le comte, aux jours d'audience, est tenu de s'occuper avant tout des affaires des veuves, des pauvres et des mineurs : au cas où ces derniers ne pourraient trouver de témoins ou ne connaîtraient pas la loi, il doit venir à leur aide et leur adjoindre des hommes capables de les guider dans la gestion de leurs biens [2].

Les prescriptions relatives au droit de succession ne sont guère plus étendues. Si des enfants exhérédés se plaignent d'être frustrés de l'héritage paternel ou maternel, le juge doit leur donner assistance autant que possible, *quantùm ad nos vel ad nostram pertinet potestatem* [3]. Des hommes libres qui épouseraient des femmes appartenant à l'église ou à l'état, *fiscalinas*, ou réciproquement ne sont point pour cela passibles de l'exhérédation [4]. Quant à la confection des testaments, voici les dispositions des Capitulaires. Quiconque désire pour le salut de son âme, faire donation de ses biens à un parent ou à un étranger, doit, s'il est domicilié aux lieux où sont situés les biens, en opérer lui-même la tradition ; dans le cas contraire, il doit s'adjoindre des témoins régis par la même loi que lui : à défaut de ces derniers il peut recourir

---

[1] Cap. addit., I, 56. — [2] Cap., IV, 16. V. 232. — [3] Ibid., II, 51. — [4] Ibid., III, 16.

à d'autres. Ces témoins réunis, le donateur opère la ransmission en leur présence, en les nommant *fidejussores investituræ*; après quoi le donataire peut lui-même réclamer l'investiture sans que les héritiers *ab intestat* aient le droit de s'opposer à la tradition [1]. Si quelqu'un est sans enfants et veut laisser sa succession à un étranger, il peut opérer la tradition devant le roi ou devant le comte et les échevins, ou encore devant les *missi dominici* qui sont envoyés dans la province pour ces sortes d'affaires et d'autres semblables [2]. Il est souvent question de la tradition faite par le donateur, et très peu du véritable testament [3]. Cependant celui qui par testament a obtenu un avantage quelconque est tenu d'accomplir la volonté du défunt [4], sous peine de se voir enlever sa part d'hérédité, pour cause d'indignité [5] et dans ce cas, cette part héréditaire tombe entre les mains de l'évêque, avec tous les fruits et émoluments [6]. Les Capitulaires n'offrent qu'un très petit nombre de dispositions relativement à l'hérédité *ab intestat* : le *Denarialis*, c'est-à-dire l'esclave affranchi devant le roi qui tient dans sa main un denier, et le *Chartularius*, c'est-à-dire l'affranchi par acte authentique, ne peuvent succéder à leurs agnats que jusqu'au troisième degré [7]. La femme, après la mort de son mari, ne peut hériter que du tiers des acquêts de communauté (*collaborationes*) [8].

---

[1] Cap., IV, 19. — [2] Ibid. VI, 212. — [3] Ibid., VII, 327. — [4] Ibid., II, 327, 328. — [5] Ibid., VII, 326 — [6] Cap. add., III, 87. — [7] Cap., VI, 213. — [8] Ibid., V, 295.

Les Formules et les Capitulaires dans leurs rapports avec le droit commun méritent une mention spéciale, surtout en ce qui concerne l'histoire de la famille; ce n'est pas à dire pour cela que nous y rencontrions des développements bien considérables sur cette matière; cela ne pouvait et ne devait pas être. Les Formules n'étaient autre chose que des actes législatifs en harmonie avec les maximes du droit contemporain.

Les Capitulaires n'étaient que des appendices à ce qui restait encore des droits populaires. Aussi ne devait-on guère s'attendre à y rencontrer de notables modifications dans les idées et de grands développements dans la jurisprudence. Toutefois, cette fusion du Droit romain dans les Formules, et du Droit canonique dans les Capitulaires, ne laisse pas que de présenter un ensemble empreint d'une certaine malléabilité de formes; d'un certain perfectionnement juridique que nous ne saurions rencontrer dans les législations barbares. Le pouvoir de la coutume, dont les effets ne deviennent frappants qu'au moyen-âge, se laisse pourtant deviner dans les Formules et les Capitulaires, et déjà commence à apparaître ce *Droit coutumier*, dont les riches ramifications se sont étendues jusqu'à nos jours. Il a déjà été observé plus haut que sa première apparition remonte jusqu'aux *Assises* de Jérusalem; en conséquence, nous commencerons par l'analyse de ce dernier document, comme la source première du Droit coutumier français [1].

---

[1] Wilken, Hist. des Croisades. Geschichtz der Kreuzzoge, I, 313.

ASSISES DE JÉRUSALEM.

Déjà dans nos considérations générales sur l'histoire du Droit français nous avons dit quelques mots de l'origine des Assises. Il nous paraît convenable d'ajouter ici un fait que nous avons passé sous silence. Ce fait, c'est qu'il est certain que les dispositions contenues dans ce corps de lois n'ont point été conçues et rédigées simultanément ; mais bien produites peu à peu suivant l'exigence des temps [1]. L'établissement, la pensée même d'un Code complet est essentiellement contraire à l'esprit du onzième et du douzième siècle. Il était difficile de prévoir tout d'abord quelle loi pourrait plus tard devenir nécessaire [2]. A mesure que des étrangers de toutes les nations et de toutes les classes se succédèrent sur les côtes de la Syrie et s'emparèrent des possessions de la Palestine [3], les prétentions que pouvaient à bon droit faire valoir les premiers occupants dûrent naturellement s'accroître et donner naissance aux prescriptions que nous rencontrons dans les Assises. La plupart de ces dispositions du Droit coutumier dûrent nécessairement se rattacher aux souve-

[1] Wilken, Hist. des Croisades, I, 309. Voyez aussi les Assises de la haute cour, édition de la Thaumassière. — [2] Ibid , 310. — [3] Ibid., Schmid, in Hermœo, XXX 521, 322.

nirs de la patrie française[1]; elles furent composées dans les grandes assemblées tenues ordinairement à Acre[2]. Chaque Assise était rédigée sur une feuille séparée; les initiales étaient écrites en or et les titres en rouge. Les Assises de la cour suprême portaient le sceau et la signature du roi et du patriarche; celles des tribunaux secondaires portaient le sceau et la signature du vicomte[3]. Ces dernières sont pour nous d'une bien plus grande importance que celles de la haute cour, par la raison que l'assimilation du droit féodal dans les villes et les bourgs est un fait bien plus significatif que sa naturalisation parmi les hautes classes de la société, et que les actes législatifs de cette nature renferment déjà beaucoup de principes de droit civil, et même des réminiscences de droit romain. Dans les considérations qui vont suivre sur l'organisation de la famille et le droit de succession, nous aurons à mettre en regard les arrêts de la cour suprême et ceux des tribunaux inférieurs.

Une fille au-dessus de douze ans, possédant un fief, pouvait être contrainte au mariage par son seigneur suzerain[4]; de même aussi les parents et amis de la jeune fille pouvaient se présenter devant le seigneur et lui demander d'autoriser le mariage; le suzerain était

---

[1] Schmid, p. 341, remarque que les Assises ne sont pas exclusivement d'origine française, et qu'on ne saurait leur contester un caractère européen. Toutefois, il est certain que leur base fondamentale se trouve dans le Droit français. — [2] Wilken, I, 310. — [3] Ibid., 322. — [4] Assisiæ regui Hierosolymi Alta corte, c. 191. Cauciani, V, 240.

alors tenu de présenter dans la quinzaine, à la jeune fille, trois hommes, ses égaux en naissance (*tre marite a lei eguali*), pour qu'elle fît choix d'un mari[1]. Au cas où la jeune fille aurait négligé d'obtenir l'autorisation du suzerain, elle perdait son fief (*si deve perder il feudo per tal manchamento*)[2]. Toute dame noble (*franca dama*) avait droit, à titre de douaire, à la moitié de tous les biens laissés par son mari. La reine et les femmes des quatre barons du royaume étaient seules exclues de cette faveur par l'effet d'une loi particulière qui prohibe le démembrement du royaume et des quatre baronies[3]. Si ce droit acquis à titre de douaire sur un fief se trouvait réuni sur la tête de la veuve avec sa qualité de tutrice ayant mission d'administrer ce même fief ou un autre au nom de son fils mineur, la femme pouvait, pour se dérober à l'obligation d'un second mariage, se présenter devant le seigneur pour déclarer qu'elle renonçait à la tutelle, et s'en tenait à la jouissance pure et simple de son douaire. Le suzerain perdait dès lors le droit de la forcer à convoler en secondes noces; mais ce droit reparaissait du moment où la mère manifestait l'intention de prendre en main la tutelle (*el bailagio*)[4]. Une damoiselle noble était tenue, si son suzerain voulait la marier, de choisir un époux parmi trois chevaliers qu'on lui présentait, ou encore parmi d'autres hommes en faveur auprès du suzerain. Si elle s'y refusait, elle

---

[1] Ass. regni Hieros. I, 192, 244. — [2] Ibid., 191, 197, 247. — [3] Ibid., 197. — [4] Ibid., 199.

perdait son fief pour un an et un jour; après ce délai, elle rentrait en possession, mais n'en restait pas moins exposée à une nouvelle sommation [1]. Du moment où la femme avait dépassé l'âge de soixante ans, elle pouvait se refuser impunément au mariage, par la raison qu'à cette époque cessent pour elle les devoirs de vasselage, et que d'ailleurs le but du mariage ne pouvait plus être rempli [2]. Si une femme tient des fiefs qui relèvent de plusieurs seigneurs, elle n'est obligée, quant au mariage, qu'à l'égard de celui à qui elle doit des services personnels [3]. Un vassal (*homo del signor*) qui voudrait épouser une femme tenant un fief de son suzerain, ne peut entrer en possession du fief de sa femme; au cas où il y renoncerait, dès lors le seigneur ne peut s'opposer à son mariage (*parmi ch'el signor non potra haver restoro*), par la raison que la femme n'est tenue à se marier suivant le gré du seigneur, qu'autant que ce mariage emporte pour le mari le droit d'administrer le fief qu'elle détient (*perche la donna non deve al signor el maridazo, se non per el feudo, che tien de lui*) [4].

Le vassal ne peut aliéner le fief de sa femme qu'au cas seulement où la vente deviendrait nécessaire pour la rançon du suzerain tombé entre les mains de l'ennemi [5].

Les Assises des tribunaux inférieurs sont beaucoup plus riches que celles de la haute cour en dispositions sur le mariage et sur les relations entre époux. Une

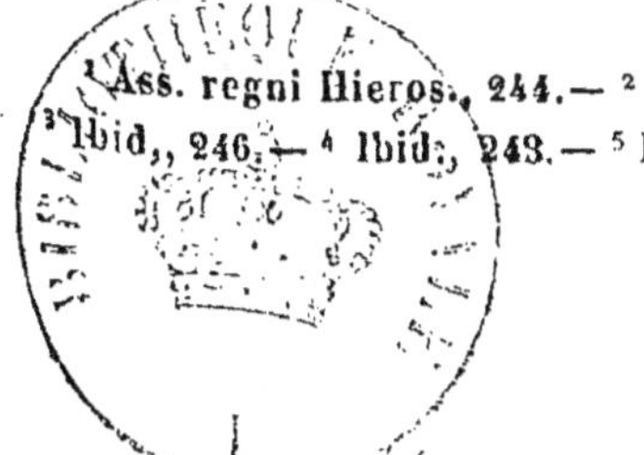

[1] Ass. regni Hieros., 244. — [2] Ibid., 245. Wilken, 211, note 87. — [3] Ibid., 246. — [4] Ibid., 243. — [5] Ibid., 266.

femme appelée à comparaître en justice, n'est tenue de répondre qu'autant qu'elle est assistée de son mari. Ce n'est qu'après un délai de quinze jours, et souvent d'un an et d'un jour, que si son mari ne se présente pas elle doit répondre quand même[1]. Le mari n'est pas tenu de représenter sa femme s'il l'établit marchande publique (*s'el marito facesse la sua donna macardantessa*), parce qu'alors il l'investit, vis-à-vis des tiers, d'une certaine indépendance[2]. De même, celui qui épouse une veuve doit acquitter les dettes contractées par elle ou par le défunt; la même obligation est imposée à la femme relativement à son époux[3]. Cette disposition nous montre l'effet du droit de communauté admis de préférence à la position indépendante que conservent, en Droit romain, chacun des époux relativement à leurs biens respectifs. Celui qui veut épouser une femme doit la recevoir de ceux en puissance desquels elle se trouve, c'est-à-dire, le père, la mère, ou, à leur défaut, les plus proches parents[4]. Celui qui, sans le consentement de ces derniers[5], séduit une jeune fille (*disponzellato*) doit l'épouser si les parents y consentent, ou sinon, la jeune fille se retire dans un couvent, et le séducteur est tenu de payer tout ce qu'exige l'abbesse pour la recevoir et l'entretenir (*e tutto quel che l'abbadessa dimandera per accetarla et per vestirla, colui gliel deve pagare*). Si le séducteur ne peut payer les frais, ou s'il y a opposition de la part de celui en puis-

---

[1] Ass. regni Hieros. inferior cur., 116. Canciani, II, 508. — [2] Ibid., 117. — [3] Ibid., 118. — [4] Ibid., 119. — [5] Ibid.

sance duquel se trouve la jeune fille, le premier est puni de la castration, banni du pays [1] pendant un an et un jour, et ses biens tombent entre les mains du suzerain. Le séducteur nie-t-il le fait, il faut que deux témoins affirment l'avoir surpris en flagrant délit ; s'ils l'ont vu seulement entrer dans la maison de la jeune fille, le prévenu est alors confié, pendant un an et un jour, à la garde de l'évêque chargé de recevoir son aveu ; ce délai expiré, s'il atteste par serment de son innocence, il est rendu à la liberté [2]. Pour contracter mariage, l'homme doit avoir treize ans révolus [3] ; tout mariage contracté avant cet âge est dissous, s'il n'a pas été consommé. Le prêtre qui sciemment a béni cette union est suspendu de ses fonctions jusqu'à ce que les jeunes époux aient atteint l'âge requis [4].

Une fille est nubile à douze ans, et ne peut se marier avant d'avoir atteint cet âge. Les dispositions relatives aux empêchements au mariage, à la célébration et à la prohibition du divorce, sont empruntées au Droit canon. Ces prohibitions ne s'appliquent pas seulement aux simples citoyens, bien que les Assises des tribunaux inférieurs fussent spécialement à leur usage, elles régissent encore les chevaliers, et cette égalité devant la loi, sous ce rapport, s'y trouve formellement énoncée (*deveno sapere tutti si cavaglieri come Borgesi che nel matrimonio per la lege del cielo, et per li decreti et consuetudine, bisognano tre cose; il consentimento e*

---

[1] Ass. regni Hieros., 119, infer. cur. — [2] Ibid. — [3] Ibid. 141, 142. — [4] Ibid., 142.

volunto de l'un et de l'altro, che l'un non appertegna di parentella à l'altro, et e che siano di aeta [1]. Une autre disposition également applicable aux chevaliers et aux bourgeois, est celle qui ordonne qu'avant la célébration du mariage, l'époux déclare par serment qu'il n'est point uni à une autre femme, et que nulle ne possède une promesse de lui. Ce serment doit être confirmé par deux témoins. La femme est soumise aux mêmes formalités. Ce n'est qu'après leur accomplissement que l'église se déclare suffisamment édifiée (*assigureta*), et permet le mariage [2]. La cérémonie du mariage est précédée des fiançailles où l'épouse donne sa main à l'époux [3]. Si après les fiançailles la jeune fille se refuse au mariage, elle est tenue de rendre les cadeaux qu'elle a reçus. La partie qui prend l'initiative n'a plus aucun droit à réclamer les présents de noces qu'elle aurait faits [4]. Si dans l'intervalle l'un des fiancés vient à décéder, le survivant ne peut réclamer que la moitié des présents de noces. Si à l'acte de toucher la main de la fiancée, le fiancé a joint celui de baiser cette main, il ne peut réclamer même la moitié des présents de noces [5]. La veuve qui se serait remariée avant l'expiration de l'année de deuil, est obligée à restitution de tout ce qu'elle a reçu des parents du défunt et du défunt lui-même. Cette obligation de restituer les dons du mari s'étend à tous les parents de la femme jusqu'au septième degré. Les objets restitués

---

[1] Ass. regni Hieros., 141, 143, infer. cur. — [2] Ibid., 144 — [3] Ibid., 145, 146, 147. — [4] Ibid , 146 — [5] Ibid., 147.

appartiennent au suzerain. En pareil cas, la femme est de plus dépossédée de son douaire [1], encore que le défunt le lui ait constitué sans condition [2] ; mais si le fils issu du premier mariage fait un legs à sa mère remariée, le legs est considéré comme ayant été fait à une personne étrangère [3].

Après la mort du mari les héritiers ou les ascendants du défunt sont tenus de restituer la dot apportée par la femme [4] ; même pendant la durée du mariage, au cas où l'époux se livrerait habituellement au jeu, à la boisson ou à la débauche, il est obligé de déposer la dot en lieu sûr, ou de donner caution [5]. Au cas de non-restitution de la part du mari, il n'y a pas lieu à contrainte par corps, seulement il doit s'engager par serment à consacrer tous les produits de son travail à parfaire cette dot, et il ne peut quitter la ville avant d'avoir rempli cet engagement [6]. Une disposition assez singulière que nous rencontrons dans les Assises des tribunaux inférieurs est celle qui prohibe les donations entre époux [7]; on serait porté à y voir l'influence du Droit romain si les motifs allégués à l'appui de cette loi n'étaient justement en opposition avec les motifs de la loi romaine. En Droit romain les époux ne peuvent se faire de donation mutuelle (*ne mutuo amore invicem spoliarentur*). Ici la donation est prohibée, parce que, dit la loi, elle est inutile, toute chose étant commune entre les deux époux (*che la cosa e così sua come se non l'avesse mai donata*)[8]; même en ce cas un tiers qui

---

[1] Ass. regni Hieros., 148, infer. cur. — [2] Ibid. — [3] Ibid., 149. — [4] Ibid., 150. — [5] Ibid., 151. — [6] Ibid., 152. — [7] Ibid. 153. — [8] Ibid.

détiendrait la donation est tenu de la rendre s'il ne la possède depuis an et jour [1]. Toutefois, si à la rigueur la communauté de biens est le principe de cette disposition, il n'est pas moins vrai que les Assises nous offrent plusieurs statuts d'importation romaine. Dans ce nombre on peut compter la donation autorisée pour des objets de peu de valeur (*un o do bisanti, over un marco d'argento*) [2], ou encore quand il s'agit de ce que le mari a donné à la femme pour l'entretien de leurs enfants communs [3]. De telles donations sont permises et ne sauraient être attaquées.

Bien que d'après les principes du Droit canon le divorce soit prohibé, toutefois il arrive que le mariage peut être considéré comme nul par suite de certaines imperfections physiques de la part de la femme (*se cui homo prende moglie, la qual poi diventa lazarina, o caze del mal de la brutta troppo bruttaménte, o gli spuzza troppo la bocca, o che la pissa ogni notte in letto, si che tutti gli drappi si guastino, la rason commanda che sel marito si rechiama a la chiesia e non vole esser con lei, per il mal che l'ha, la chiesia debba spartirli de jure*) [4]. Dans ce cas, la femme est visitée par trois matrones qui constatent la réalité des faits allégués par le mari ; ce dernier peut alors convoler en secondes noces, quant à la femme elle entre dans un couvent et y est entretenue aux frais du mari [5]. Les enfants issus de ce mariage sont confiés à la

---

[1] **Ass. regni Hieros**, 153, infer. cur. — [2] Ibid., 154. — [3] Ibid. — [4] Ibid., 155. — [5] Ibid., 155, 156.

mère jusqu'à l'âge de sept ans; le père est tenu de pourvoir aux frais de leur entretien [1]. Ce dernier ne peut être autorisé à prendre les enfants chez lui qu'au cas où la mère serait atteinte d'un mal susceptible de mettre leur vie en danger. Si les enfants refusent de rentrer dans la maison paternelle de crainte d'être exposé à des vexations de la part d'une marâtre, alors les jurés ont à décider du lieu de leur résidence jusqu'à l'âge de douze ans. A cette époque les enfants peuvent librement faire choix d'un domicile (*et poi essi hanno poder d'andar et staredove voranno*) [2]. Si le mari et la femme se reprochent des sévices mutuels, dès lors la juridiction n'appartient plus aux tribunaux inférieurs, le vicomte et les jurés renvoient les parties devant l'autorité ecclésiastique. Ce renvoi est fondé sur cette circonstance, que si le procès se vidait devant les tribunaux inférieurs, la partie qui succomberait serait tenue de payer les frais; or, tout est commun dans le mariage, et dès lors la partie qui triomphe se trouvera lésée à l'égal de la partie qui succombe. Par ce motif, l'affaire est portée devant l'église qui, dit la loi, est miséricordieuse de sa nature (*se non in la chiesia, che e misericordia*) [3]. Au cas où viendrait à s'élever une question de haute trahison, dès lors la cour suprême se trouve de droit saisie de la contestation [4].

Du reste, d'après la jurisprudence des tribunaux inférieurs, comme d'après celle de la cour suprême, le principe de communauté entre époux est toujours

---

[1] Ass. regni Hieros., 157, infer. cur.— [2] Ibid.— [3] Ibid.— [4] Ibid., 160.

admis pendant toute la durée du mariage : à sa mort le mari peut disposer de sa part comme il lui plaît, de même pour la femme ; mais pendant leur vie, aucun des époux n'a le droit d'aliéner une portion quelconque des biens communs [1]. Si les époux ont fait en commun des acquêts de nature immobilière (*stabili*), après la mort de la mère sa part revient de droit aux enfants ; le mari ne peut distraire cette portion sous aucun prétexte, à moins qu'il ne s'agisse des plus impérieuses nécessités de la vie, telles que boire et manger [2]. Dans ce cas seulement il a le droit d'engager et même d'aliéner la portion maternelle. De même, d'après les principes de la communauté, la femme est tenue de payer les dettes laissées par le mari ; toutefois, si elle est elle-même insolvable, elle n'est point contraignable par corps, et l'on ne peut vendre son lit ni ses vêtements (*ne tuorli il suo manto, ne il suo letto, ne li drappi del suo vestir*), seulement elle doit s'engager par serment à ne point quitter le pays sans l'agrément des créanciers de son époux [3]. Si elle vient à se remarier, c'est au second mari à payer les dettes du premier ; le même devoir lui est imposé en ce qui concerne la femme [4]. Toutefois, il n'est point tenu de payer ce que la femme aurait emprunté frauduleusement (*poltronneriè o molvagie cose*) [5]. Si les deux époux possèdent des immeubles, le mari doit d'abord, pour le paiement de ses dettes, vendre ses immeubles propres ; au cas seulement où cela ne suffirait pas, il lui

---

[1] Ass. regni Hieros., 162, infer. cur. — [2] Ibid., 165, — [3] Ibid.—
[4] Ibid., 169. — [5] Ibid.

est permis d'aliéner les biens de sa femme [1]. Cette disposition peut paraître étrange quand on se rappelle les principes absolus adoptés en matière de communauté; du reste, comme la vente des biens de la femme est toujours admise à la rigueur, dès lors on doit considérer le privilége dont la loi les environne comme une simple mesure d'ordre, et non point comme une dérogation aux principes.

Si la forme toute féodale des Assises de Jérusalem laisse quelque chose à désirer quant aux dispositions qui régissent le mariage, il est naturel que la théorie de la puissance paternelle présente de nombreuses lacunes. Dans la plupart des législations germaniques, cette partie du droit se trouve plus ou moins confondue avec la doctrine du *mundium*, système de protection adopté par la loi, en faveur de ceux qui sont sous la puissance d'autrui. On conçoit aisément, d'ailleurs, que dans un état féodal, le suzerain se trouve investi d'une grande partie des droits qui, dans un autre système politique, appartiendraient naturellement au père. Aussi ne trouvons-nous, dans les Assises de la Cour suprême et des tribunaux inférieurs, presque rien qui ait trait à la puissance paternelle; les dispositions relatives au *mundium* sont très rares.

Le pouvoir féodal du suzerain a pris leur place, et forme comme une espèce de tutelle, où viennent se confondre les deux doctrines dont nous avons parlé. Le père et le fils ne peuvent, réciproquement, se tra-

---

[1] Ass. regni Hieros., 172, infer. cur.

duire en justice ; et leur action n'est point recevable par le suzerain. Voilà à quoi se réduisent les dispositions que nous trouvons à ce sujet dans les Assises de la Cour suprême [1] ; quant à ce qui concerne la minorité, leur contenu est un peu plus explicite : tout individu possédant fief, est placé jusqu'à l'âge de quinze ans sous la tutelle (*bailagio*) du seigneur, ou d'un parent [2]. Après cet âge le pupille se présente devant son tuteur, fait constater son âge par deux témoins chrétiens, de l'un ou de l'autre sexe, et cette formalité remplie, il peut sans difficulté entrer en jouissance de son fief. S'il n'est pas encore chevalier, c'est alors qu'il peut demander à son suzerain de lui conférer ce grade [3] ; à défaut du suzerain, la tutelle est de droit dévolue au parent qui viendrait après le mineur, à la succession du fief (*che li sià parente de la parte che si move il feudo*). Dans ce cas seulement, la tutelle est parfaitement distincte du soin de l'éducation et de l'entretien du mineur. Les mêmes motifs qui ont porté le législateur romain à tenir secrètes les substitutions pupillaires ont produit cette disposition des Assises, destinée à préserver le mineur des dangers que pourrait lui susciter le mauvais vouloir de son héritier le plus immédiat. En conséquence, l'éducation et la garde du pupille sont

[1] Ass. regni Hieros., 152. super. cur. — [2] Ibid., 189. — [3] Ibid. Wilken, I, 539, admet d'après la Thaumassière qu'on ne peut être majeur qu'à vingt-cinq ans, c'est une erreur du manuscrit qui a dirigé ce dernier. Il est évident que l'âge de quinze ans pour les hommes est bien plus en rapport avec l'âge de douze ans fixé pour les filles, et celui de treize ans cité du mariage.

confiées au plus proche parent de ceux qui n'ont aucun droit à l'hérédité du fief [1] (*Il fanciullo deve esser à la custodia de piu propinquo de li suoi parenti o amoi à quali el feudo non puo pervenir*). Si le mineur est baron, ses vassaux sont tenus de le défendre lui et son tuteur, et les revenus de la baronie doivent être consacrés à son entretien [2]. Au cas où un enfant acquiert un fief, étant encore sous la puissance de ses père et mère, alors seulement ceux-ci peuvent prendre en main la tutelle et l'éducation de l'enfant; car ici le danger n'est plus le même pour le pupille, vu l'intimité de la parenté, et surtout parce que les parents ne succèdent pas aux fiefs appartenant à leurs enfants [3], c'était toujours au seigneur qu'appartenait le droit d'octroyer la tutelle, c'est-à-dire que la demande lui était soumise, et ne pouvait qu'être accueillie du moment où le mineur lui-même y joignait son assentiment. Les Assises du tribunal inférieur sont très pauvres en prescriptions relatives à la tutelle; il y est dit seulement que si une orpheline ou une veuve viennent demander conseil aux jurés de la cour, ceux-ci sont tenus de leur prêter assistance [4]; si un juré de ce requis, refuse de se joindre à ses collègues, il est dépouillé de ses fonctions (*sia casso de la compagnia de li altri guirati* [5]). On y rencontre encore une disposition qui interdit aux enfants illégitimes et aux prodigues de se présenter devant la Cour en qualité d'avocats [6].

---

[1] Ass. regni Hieros., 190, super. cur. — [2] Ibid. — [3] Ibid. — [4] Ibid. 12. — [5] Ibid. — [6] Ibid., 20.

Pour ce qui concerne le droit de succession, ou même la transmission des fiefs, les assises de la haute cour contiennent les dispositions suivantes : Celui qui a acquis un fief peut, avec l'assentiment de son suzerain, le transférer à tel de ses héritiers qu'il lui plaira ; car du moment où il peut renoncer à son fief, en faveur du suzerain, il est naturel de lui accorder le droit de choisir entre ses héritiers [1]. Si celui à qui a été légué le fief vient à mourir sans enfants légitimes, la donation retourne aux héritiers *ab intestat* du premier acquéreur, surtout si elle a été faite sous la condition de n'être transmise qu'aux enfants légitimes du donataire [2], on peut trouver quelque similitude entre cette disposition et celle du droit *attique*, qui déclare que si l'héritier testamentaire ou le fils adoptif vient à quitter la maison du testateur, sans laisser de postérité, les biens légués retournent aux héritiers *ab intestat* du testateur [3]. En général, un fief acquis par succession ne peut être donné qu'aux héritiers légitimes et immédiats (*al suo drito herede*) [4], toujours avec l'assentiment du seigneur. Par là, le premier possesseur se trouve dégagé de tout service, par la raison que d'après les Assises, deux personnes ne peuvent être obligées pour le même fief [5]. Ici encore, le fief retombe entre les mains des héritiers directs du donateur, si le donataire meurt sans postérité légitime [6]; mais si quelqu'un, renonçant

[1] Ass. regni Hieros., 165. infer. cur.— [2] Ibid. — [3] Gans Erbrecht I, 595.— [4] Ass. regni Hieros., 166, super cur. Le texte dit : Colui chepha feudo de suo aquisito, o de successione. Mais la suite prouve qu'il ne s'agit que du dernier fief.— [5] Ibid.— [6] Ibid.

à son fief, le transmet par l'entremise du suzerain à son plus proche héritier, alors le décès du dernier possesseur sans postérité légitime n'empêche pas le fief d'être dévolu à ses autres héritiers, et dans ce cas il ne revient plus aux héritiers du donataire [1]. Si la donation n'a été faite que sous condition de passer aux enfants légitimes, alors à défaut de ceux-ci le fief est dévolu au seigneur [2]. Si quelqu'un possède plusieurs fiefs et vient à mourir intestat, ne laissant qu'un seul héritier légitime, ce dernier se trouve de droit saisi de toute la succession [3]. S'il existe plusieurs héritiers *ab intestat*, chacun d'eux doit s'il est possible recevoir un fief. Si le nombre des héritiers dépasse le nombre des fiefs, la distribution se fait suivant l'ordre de primogéniture, s'il y a plus de fiefs que d'héritiers, les femmes sont appelées au partage toujours en suivant l'ordre de primogéniture [4]. Si plusieurs sœurs ont à partager un fief tenu d'équiper plusieurs cavaliers (*Che deve servitio de piu cavallarie*) le partage doit être fait autant que possible de manière à ce que chacune d'elles se trouve obligée à l'équipement d'un cavalier (*cadauna deve haver l'una de le cavallarie*); c'est à la plus jeune à composer les lots et c'est l'aînée qui a le privilège du choix [5]. Les mêmes dispositions sont suivies au cas où le nombre des cavaliers équipés par le fief égalerait le nombre des sœurs co-partageantes [6]. Si le nombre des cavaliers dépasse celui des sœurs,

[1] Ass regni Hieros., 167, super. cur. — [2] Ibid. — [3] Ibid., 168. — [4] Ibid., 70. — [5] Ibid. — [6] Ibid.

l'obligation d'équipement pour un cavalier est départie sur chaque tête ; et le reste des charges se distribue par rang d'âge [1]. Si au contraire il y a plus de sœurs que de cavaliers à équiper, le partage a toujours lieu par rang d'âge, et les plus jeunes reçoivent leur portion exempte de toutes charges [2].

Le fils ou la fille du propriétaire d'un fief peuvent entrer en possession immédiatement après la mort de leur auteur [3]. Mais si le fils ou la fille ne sont pas héritiers directs quant au fief, ou si un autre parent en réclame la propriété, alors ils ne sont saisis qu'après que l'investiture leur a été accordée par le seigneur [4]. Il en est de même dans le cas où le père ou la mère défunts n'étaient pas les derniers chrétiens possesseurs du fief, dès lors les héritiers directs ne peuvent être immédiatement saisis [5]. Si le suzerain refuse l'investiture au réclamant, sous le prétexte qu'il n'est pas l'héritier direct du défunt, c'est au réclamant à fournir la preuve (*Ch el deve domandar come il piu dritto herede apparente et richiedente in-corte d'haver quel feudo*) après quoi le seigneur ne peut plus lui refuser l'investiture à moins toutefois qu'il ne se soit rendu coupable de quelque félonie [6]. Si, pendant la contestation le suzerain a légèrement et sans preuve accordé le fief à un parent plus éloigné, le réclamant a recours contre lui devant la cour suprême [7].

Si un homme ou une femme laissent à leur décès

<hr>

[1] Ass. regni Hieros., 170, super. cur. — [2] Ibid. — [3] Ibid., 171. — [4] Ibid., 172, 174, 175. — [5] Ibid., 175. — [6] Ibid., 177. — [7] Ibid., 179, 180.

une propriété seigneuriale (*signoria*), et plusieurs héritiers ayant droit, la suzeraineté leur appartient à tous également; mais l'aîné seul a la puissance; la femme la plus âgée fait place à l'homme plus jeune, si ce dernier se trouve au même degré de parenté, il ne peut être exclu par elle qu'au cas où la femme serait à un degré de parenté plus rapproché[1]. Le droit d'aînesse y est consacré d'une manière absolue; ainsi entre deux petits-fils de deux frères, le petit fils du cadet, s'il est né le premier, exclut infailliblement le petit-fils de l'aîné[2]; car d'après le principe des Assises de Jérusalem, les morts ne sauraient hériter, et le droit de représentation n'est admis qu'au cas où le dernier testateur aurait été en possession du fief au moment de sa mort[3].

Voici les causes d'exhérédation admises par la loi, et d'après lesquelles on est à tout jamais déchu du droit de succession pour soi et pour ses descendants : l'hérétique ou le renégat, celui qui lève la main contre son seigneur, celui qui l'attaque en rase campagne, celui qui livre une forteresse à l'ennemi lorsqu'elle est encore suffisamment pourvue de vivres, celui qui livre son seigneur à l'ennemi par trahison, celui qui cause sa mort ou son exhérédation, celui qui vend un fief sans le consentement de son seigneur, enfin celui qui, accusé du crime de haute trahison, ne se présente pas pour se défendre; tous perdent leurs fiefs[4]. La personne coupable de ce dernier

---

[1] Ass. regni Hieros., 195, super. cur. — [2] Ibid., 196. — [3] Ibid. — [4] Ibid., 210.

crime n'est pas seule atteinte, ses descendants nés ou à naître partagent son sort [1]. Un homme peut perdre son fief de trois manières, d'abord pour un an et un jour s'il manque à l'hommage dû à son seigneur ; pour sa vie durant, si accusé de meurtre il ne se défend point, et enfin pour lui et pour ses héritiers s'il se rend coupable de trahison envers son seigneur [2].

Nous avons déjà remarqué que l'influence du droit romain se faisait sentir à un plus haut degré dans les Assises du tribunal inférieur que dans celles de la cour suprême. Nous arrivons maintenant aux dispositions de la *curia inferior* toujours relativement aux successions ; ici le lien féodal nous apparaît beaucoup plus faible, parceque les citoyens des villes ont su relâcher ce qu'il y avait de trop rigoureux. Parlons d'abord du *droit de parenté*. Si quelqu'un veut vendre son fief et qu'un parent en offre un prix aussi élevé qu'un étranger, il doit avoir la préférence. Il peut même si la vente a été consommée, exercer pendant sept jours un droit de revendication contre le tiers acheteur [3], passé ce délai, la vente devient irrévocable [4]. Le droit testamentaire est surtout remarquable en ce qu'il permet à un fils de léguer une partie de ses biens à sa mère ou à tout autre personne [5], de même un père peut transmettre sa fortune à ses enfants naturels s'il ne laisse pas d'enfants légitimes [6]. Si quelqu'un à son lit de mort, fait par testament un legs à un de ses amis, et que

---

[1] Ass. regni Hieros., 212, super. cur. — [2] Ibid. — [3] Ibid., 28. — [4] Ibid., 28. — [5] Ibid, 149. — [6] Ibid , 158.

la femme du défunt refuse d'acquitter le legs, il suffit au légataire de prouver la réalité de la donation par l'affirmation d'un prêtre et de deux témoins [1] ; si le legs se compose d'un immeuble, par exemple d'une maison et que la famille du défunt refuse la tradition, le seul moyen de décider la question c'est le combat singulier, et l'objet litigieux reste aux mains du vainqueur [2]. Un homme marié meurt laissant des enfants, des ascendants, où des frères, tout ce qu'il possède appartient de droit à sa femme parceque la loi et l'Assise de Jérusalem ne reconnaissent pas d'héritier plus direct que la femme (*Perche la leze et assiza de Hierusalem dice che nessun homo e cosi dretto herede del defunto, come la sua moglie legitima* [3], à défaut de femme, d'enfants, d'ascendants ou d'autres parents, les biens d'un laïque appartiennent au seigneur, ceux d'un prêtre, d'un moine ou d'une religieuse, à l'église [4]. La volonté du testateur est si peu entravée par la loi, qu'il peut à son gré donner plus ou moins à tel ou tel de ses enfants où de ses parents [5].

Si un individu meurt sans testament, et qu'un autre prétende à sa succession comme son plus proche parent, il faut qu'il prouve le fait en l'affirmant d'abord par serment ; et en y joignant le témoignage de deux personnes [6], il peut alors entrer en possession de la fortune du défunt, mais il est tenu de payer ses dettes encore qu'elles dépasseraient la quotité

---

[1] Ass. regni Hieros., 163, infer. cur. — [2] Ibid. — [3] Ibid., 164. — [4] Ibid., 167, 174. — [5] Ibid., 170. — [6] Ibid., 171.

de la succession [1]. Lorsqu'une femme outre les biens communs lègue à son mari quelque chose de son patrimoine personnel (*che non sia di dretti della sua dotte*), sous la condition qu'il ne se remariera pas, le mari devient à la vérité propriétaire du legs, mais il doit donner caution, et s'il se remarie, ce legs est restitué aux parents de la femme, et à défaut de ceux-ci, appartient au seigneur. [2] Généralement, un legs doit être acquitté dans les sept jours ; toute la fortune du légataire doit servir de caution. [3].

Peu importe le genre de tablettes ou de papier sur lequel le testament aura été écrit pourvu qu'il soit accompagné de témoignages valables aux yeux de la loi (*ne il testamento puol esser opposto per esser scrito in carta Bergamina o bonbasina o in tavole pur che si possa lerer et habbia boni testimonii* [4]). Ne peuvent pas être témoins ; d'abord les femmes, puis les esclaves, les individus en démence, ceux condamnés pour quelque délit, ceux qui se seraient rendus coupables d'un faux et enfin les mineurs. La signature de plus d'une de ces persornes, suffit pour annuler le testament.[5] Les seules donations faites *ad pias causas* c'est-à-dire au profit d'établissements religieux ne sont point révocables pour ce motif [6]. Un esclave après avoir été baptisé et affranchi peut faire un testament, mais s'il n'a pas d'enfants, il est tenu de laisser à son patron le tiers de sa fortune [7]. Dans l'intervalle d'un an et un jour après la mort de l'esclave, le patron peut

---

[1] Ass. regni Hieros., 171, infer. cur. — [2] Ibid., 176. — [3] Ibid., 177. — [4] Ibid., 179. — [5] Ibid., 180. — [6] Ibid. — [7] Ibid., 181.

encore exercer une action en revendication contre les tiers détenteurs, et à son défaut ce droit passe à ses enfants. Au cas où la femme n'aurait point apporté de dot, elle a droit à la propriété du mobilier, les immeubles, à défaut du patron ou de ses enfants, appartiennent au seigneur [1]. Par une exacte imitation du droit romain, ici aussi l'esclave nommé héritier acquiert à ce seul titre sa liberté, mais il est également tenu en sa qualité d'*hæres necessarius* d'accepter la succession [2]. Cependant si le passif dépasse l'actif, il peut se libérer en abandonnant le tout aux créanciers et dès lors les acquêts qu'il aurait faits postérieurement lui appartiennent [3]. Naturellement il n'est point ici question de l'infamie qui s'attache à l'esclave nommé héritier. Les causes d'exhérédation admises par les Assises sont également empruntées au Droit Romain. Il s'y trouve quelque différence quant au nombre et quant à la nature de ces mêmes causes. Il y a douze causes d'exhérédation du descendant par l'ascendant, et sept de l'ascendant par le descendant [4]. La plupart des causes d'exhérédation du descendant se trouvent exactement signalés dans le Droit Romain, quelques-unes, comme par exemple, le cas où les enfants s'engageraient dans les *Arenarii* ou les *Pantomimes* [5], ne pouvant recevoir ici leur application, se traduisent par la disposition suivante : si l'enfant cause à ses parents quelque grand déshonneur [6], la simple *captivitas* de

---

[1] Ass. regni Hieros., 181, infer cur. — Ibid., 182. — [2] Ibid., 184. [3] Ibid. — [4] Ibid., 219, 220. — [5] Nov. 115, c. 3, § 110. — [6] Ass. regni Hieros., 219, infer. cur.

la novelle 115 est ici remplacée par un terme beaucoup plus précis et plus conforme aux temps : *La captivité chez les Sarrazins* [1]. Enfin au lieu de revenir à l'état, les biens tombés en déshérence appartiennent au Seigneur [2]. Quant aux causes d'exhérédation des ascendants par les descendants elles sont entièrement dérivées du Droit Romain [3]; encore qu'il soit notifié que ces lois ont été conçues et promulguées par le roi Baudouin [4].

Voilà tout ce que nous avons à dire pour le moment sur les Assises de Jérusalem. Nous reviendrons encore sur ce dernier document quand nous envisagerons d'une manière générale l'histoire du droit coutumier Français ; ajoutons seulement que les Assises étant l'expression la plus ancienne de ce droit méritent bien à juste titre de faire partie de son histoire.

Aux Assises de Jérusalem se lient étroitement les *coutumes* de l'*empire latin d'Orient* qui commença en 1204 et finit en 1261, elles sont pour la plupart empruntées aux Assises, qui eurent toujours force de loi même [5], parmi les Latins, comme cela est expressément déclaré dans le prologue des coutumes Romaines [6]. Aussi ces coutumes de l'empire Latin sont-elles à nos yeux d'une bien moindre importance, et il nous suffira d'en parcourir quelques dispositions pour en saisir le caractère distinctif et les rapports. Aussi ne sont-

---

[1] Ass. regni Hieros., 219 infer. cur. — [2] Ibid. — [3] Nov., 115, c. 4. — [4] Ass. regni Hieros·, 220, infer. cur. — [5] Canciani, III, 495. — [6] Ibid., 498.

elles pas d'origine purement Franke, et la teinte vénitienne que nous y trouvons à chaque pas nous les fait regarder comme un document très incertain pour l'histoire du Droit Français. Dans le texte du mariage on établit une différence entre la *femena legia* et la *femena de plan homagio* [1]. La première peut, après la mort de son premier mari, se remarier avec qui bon lui semble, si ce n'est un ennemi, pourvu toutefois qu'elle donne à son suzerain le tiers de ses revenus d'une année [2]; l'autre ne peut point se marier sans le consentement du suzerain. Cependant si elle se marie avant qu'on le lui ait défendu, elle n'est point passible de peines [3]. Le douaire de la femme après le décès de son mari consiste dans la moitié du fief et des acquêts pourvu que les deux époux aient une fois seulement couché dans le même lit [4]. Mais dans le cas où le mari posséderait le fief de moitié avec sa mère, la femme n'a rien à réclamer à titre de douaire [5]. Le mari ne peut par disposition testamentaire priver sa femme de son lit et de ses vêtements, et ces derniers ne sont point saisissables au cas même où le mari mourrait insolvable [6]. La donation d'un fief entr'époux est prohibée; mais ils peuvent se donner tous autres objets, meubles ou immeubles [7]. Si un homme vivant en concubinat avec une femme vient à l'épouser pendant une maladie dans laquelle elle succombe, cette union, quant aux droits successifs des enfants, ne pourra constituer une légitimation par mariage sub-

[1] Lib. cons. imp. rom., c. 31. — [2] Ibid. — [3] Ibid., 31, 119. — [4] Ib., 33. — [5] Ibid., 45. — [6] Ibid. 73. — [7] Ibid. 105.

séquent, et ils n'hériteront jamais que des biens meubles du père [1]. De même si la femme dans ce cas, survivait à son époux, elle n'aurait aucun droit sur les immeubles [2]. Aussi ne considère-t-on pas ici le mariage comme annihilant le vice du concubinat. La loi a pu admettre qu'il n'avait eu lieu que dans l'attente de la mort. Le système de la communauté de biens entre époux paraît prédominer dans les coutumes de l'empire Latin d'où il suit que chacun des conjoints est tenu de payer les dettes de son conjoint [3].

La puissance paternelle et la tutelle ne sont point régies par des principes aussi absolus que dans les Assises, le législateur les envisage constamment dans leurs rapports avec le système féodal. Un fils mineur héritant du fief paternel n'est tenu de payer aucun droit d'investiture (relievo). Il n'en est pas ainsi s'il succède à sa mère [4]. Cette obligation cesserait également, si c'était le seigneur qui avait la tutelle du pupille, elle renaît du moment qu'il s'agit d'un autre tuteur [5]. En sa qualité de tuteur, le suzerain peut s'il le juge à propos accorder au pupille avant sa majorité l'investiture du fief, et le pupille peut à son tour s'il se marie, constituer à sa femme un douaire sur ce même fief [6]. Le pupille peut réclamer l'investiture à *quatorze ans.* Il ne peut avoir la saisine et la jouissance qu'à *quinze ans.* La femme dès son entrée dans sa douzième année peut réclamer l'investiture, et à la fin de cette même année la saisine et les fruits [7]. Les pe-

[1] Lib. cons. imp. rom., c. 103.— [2] Ibid. — [3] Ibid., 134.— [4] Ibid., 54.— [5] Ibid.— [6] Ibid., 81.— [7] Ibid., 85.

tits-fils et les petites-filles ne peuvent jamais entrer en possession des fiefs de leurs ascendants avant leur majorité [1].

Quant à ce qui touche le droit de succession, voici les principales dispositions des coutumes de l'empire Latin. Tout héritier d'un fief est tenu s'il est domicilié dans l'empire de réclamer l'investiture dans les quatorze jours du décès de son auteur; en cas d'absence, la loi lui accorde pour ses réclamations un délai de deux ans et deux jours [2]. La faculté de tester appartient à tout homme libre; seulement elle ne peut s'étendre qu'aux immeubles roturiers et aux meubles [3]. Une femme mariée ne peut disposer par testament ni de sa dot ni de ses autres biens par la raison qu'après sa mort, le tout appartient de droit à son mari [4]. Plus tard, à cette disposition on en a ajouté une autre qui modifiait la première (*excepto si altri pacti fosse o altre convention*). Si un homme meurt *ab intestat*, sa femme succède à tous ses biens meubles et immeubles : à défaut de celle-ci, les fils et les filles [5] arrivent à la succession et à leur défaut les plus proches parents qui se trouvent dans le royaume; en cas d'absence de ceux-ci, on leur accorde un an et un jour pour se présenter; ce delai expiré, le suzerain fait la distribution des biens du défunt pour le repos de son âme [6]. Les filles mariées ne succèdent point à leur père, à moins que, d'après quelques-uns, elles ne rapportent la dot qu'elles en ont reçue [7].

[1] Lib. cons. imp. rom., c. 86. — [2] Ibid., — [3] Ibid., 57. — [4] Ibid., 56. — [5] Ibid., 38. — [6] Ibid., 78. — [7] Ibid.

Un fief ne peut être dévolu à tous les héritiers à moins que cette transmission ne soit formellement établie dans l'acte de donation ou d'acquisition (*salvo se ello ha quella terra a tutte heriedi* [1] ; car chacun ne peut disposer de son fief que dans les limites de son droit de propriété (*ma cusi como tien la terra cusi el puo donare* [2]. C'est alors le plus proche parent qui succède, s'il se trouve dans le royaume, il a un an et un jour pour réclamer l'investiture ; s'il est absent, le délai est comme nous l'avons déjà dit de deux ans et deux jours [3]. Le suzerain seul, au cas où il arriverait à la succession, peut prolonger le terme à sa volonté (*ma si lo signor die sucieder* , *lo puo prolongar lo termine a tutta sua volontade* [4]. Si une Grecque possédant fief vient à épouser un Frank, les fils et filles issus de ce mariage succèdent également, et ne sont point liés pour la réclamation de l'investiture par le délai de quarante jours ou d'un an [5].

Tous ces documents orientaux rapprochés de l'ancien Droit coutumier Français ne peuvent qu'être l'objet d'une critique sobre et superficielle, quand on pense aux nombreux éléments hétérogènes qu'ont dû y apporter la situation et la nature d'un pays si différent de la France. Bien que les Assises s'en rapprochent davantage, comme il nous a été facile de nous en convaincre par la comparaison, nous n'en devions pas moins, pour compléter notre travail, mettre en regard les coutumes de l'empire Latin d'Orient, coutumes

[1] Lib. cons. im. rom., c. 9?. — [2] Ibid. — [3] Ibid., 100. — [4] Ibid. — [5] Ibid., 138.

qui ont pris leur origine dans les Assises, leur mélange varié doit nous les faire regarder simplement comme une espèce de mosaïque susceptible d'attention par la ressemblance de quelques-unes de ses faces avec notre sujet.

DE L'ANCIEN DROIT COUTUMIER FRANÇAIS.

En examinant le droit coutumier tel qu'il s'est formé en France, il importe d'abord de remonter aux sources. Comme la plus ancienne, encore qu'elle ne se lie pas précisément avec notre sujet, nous citerons le *Conseil de Pierre Défontaines* dont nous avons déjà parlé ; et que nous devons regarder plutôt comme un essai destiné à populariser en France l'enseignement du Droit Romain, que comme un document propre à éclaircir les origines du droit coutumier. Vient ensuite d'après l'ordre des temps, l'ouvrage connu sous le nom d'*Etablissemens de saint Louis* sur lequel nous nous sommes déjà étendus assez longuement, puis les Vieilles Coutumes de *Beauvoisins*, revues et éditées par *Philippe de Beaumanoir*[1], et qui parurent en 1283,

---

[1] Livre des coutumes et des usages de Beauvoisins, selon que il corroit au temps que ce livre fust fait, est à savoir en l'an de l'incarnation de Notre Seigneur, 1283, à la suite de l'édition des Assises de Jérusalem de Thaumassière.

en même temps que la *Somme rurale de Bouteiller*. Parmi les documents les plus importants, on peut également citer ici les *Coutumes tenues toutes notoires et jugées
au Châtelet de Paris*, ainsi que *les Décisions de messire
Jean Desmares*, publiées à la suite de *Broteau, coutumes de la prevosté et vicomté de Paris*. Desmares était
conseiller au parlement en 1372, et plus tard avocat
général sous les rois Charles V et Charles VI. Il nous
est représenté par Juvénal des Ursins [1] comme un
homme d'une sagesse consommée, et cet éloge est
confirmé par Nicole Gilles, Robert Gagnin, et Pa-
pirius Massonus [2]. Une autre question plus vaste est
celle de savoir jusqu'à quel point on peut compter
parmi les sources du plus ancien Droit coutumier primitif les usages anglo-normands que plusieurs en
font découler [3]. Dans ces derniers temps, on a généralement adopté l'opinion émise par *Houard* [4] ; qué
dans le Droit Anglais le plus ancien on pouvait retrouver le Droit Français, et d'Aguesseau [5] a déjà soutenu
qu'à l'appui d'une coutume française, on pouvait
directement citer une loi anglaise. Nous ne saurions
admettre ce fait dans toutes ses conséquences. La similitude observée par Houard entre les lois anglo-saxon-
nes, les lois barbares et les capitulaires qui forment la

[1] Hist. du roi Charles VI, p. 3, 8. 9, 21, 24, 26. — [2] Etabl. de St.-
Louis — [3] Profession d'avocat, par M. Dupin aîné, div. II, sect. 4.
Joinville, Hist. de St.-Louis, Paris, 1668, éd. Dufresne, préf. aux
établ. de St.-Louis. — [4] Anciennes lois des Français, ou additions
aux remarques sur les coutumes anglaises, recueillies par Littleton,
Rouen, 1766, t. IV, 11, et Traité sur les coutumes anglo-normandes. Paris, 1776, 4 vol. — [5] Tom. III, p. 677 et t. VI, p. 27.

base du Droit Français [1], cette similitude existe généralement entre toutes les législations barbares, sans qu'on puisse en conclure l'identité de toute espèce de législations. Ici il est bien plus important pour nous de faire ressortir les différences. Si à la vérité les premières lois normandes importées en Angleterre par Guillaume le Conquérant, ont pu être citées comme une source du Droit Français, on ne doit pas oublier quelle diversité de développement ont subi dans chacun des deux pays ces germes identiques. Que l'on considère l'Angleterre et la France au commencement du quinzième siècle, et l'on n'osera plus parler de similitude entre le Droit Français et le Droit Anglais. Cette aptitude diverse au développement dans les deux germes, explique déjà une différence dans leur nature même, et nous ne voudrions pas entreprendre, à l'imitation d'Houard, de présentre comme des sources du Droit Français, Glanvilla, Bracton, Britton et Fletta. En France, dès l'origine, les coutumes tendent à s'universaliser, et Louis XI, comme nous le dit Comines, avait déjà conçu l'idée de les fondre en une seule. En Angleterre, la liberté individuelle s'isole et se resserre d'une manière frappante ; tel pays conserve les formes inquisitoriales, tel autre maintient les procès d'accusation ; et la même ressemblance qui existe entre la torture, et l'établissement du jury [2] est à peu près celle des deux législations. Ce sera donc avec une extrême circonspection

---

[1] Houard, Traité sur les coutumes anglo-normandes. — [2] Voyez mon Traité sur la révision du Code prussien, I, 89.

que nous aurons recours aux usages anglo-normands comme sources du Droit Français, et nous ne les exposerons dans toute leur étendue qu'en traçant le tableau de la législation anglaise.

Dans le droit coutumier, comme dans les assises, la jeune fille mineure (*qui s'afebloie*) [1], ne peut se marier sans le consentement du seigneur [2]. Le seigneur se fait donner sûreté par la mère qui est veuve qu'elle ne mariera point sa fille sans son conseil et l'avis des parents de son père [3]. S'il se présente quelqu'un qui la demande en mariage, le seigneur peut proposer un parti meilleur, et les parents paternels à leur tour peuvent en présenter un troisième plus noble et plus riche que les deux autres ; c'est le meilleur parti des trois que l'on doit choisir [4] (*adonc si doivent regarder le meilleur des trois et le plus prorfitable à lademoiselle*). Si la mère mariait sa fille sans le conseil de son seigneur et la participation de la famille de son mari, elle perdait son fief et ses meubles dont elle ne pouvait se réserver qu'une très petite partie. (*Si li remaindroit sa robe à chacun jour, et sa robe à cointir soi, et joyaux avenans, si elle les avait et son lit et sa charrette et deux roncins qui souffiraient à aller en ses besognes* [5].) Si le seigneur tardait à marier la fille jusqu'à l'âge de quatorze à quinze ans, elle était délivrée de sa garde et entrait en possession de son fief [6].) Bien entendu que le seigneur était tenu de la marier convenablement. Au

---

[1] Etabl. de St.-Louis, I, 65. — [2] Houard, Anciennes lois des Français, I, 147. — [3] Etabl. de St.-Louis, I, 65. — [4] Ibid. — [5] Ibid. — [6] Houard, anciennes lois, I, 146.

cas où il eut voulu la mésallier, c'est-à-dire la marier à un vilain ou à un bourgeois, il perdait sa garde [1]. Deux enfants mineurs (*en non aage*), peuvent être fiancés l'un à l'autre par leurs parents respectifs : dans ce cas l'usage est de donner des arrhes (*erres du mariage*) qui restent à la partie refusée par l'autre, quand vient l'âge de contracter mariage [2]. Le douaire de la femme se compose du tiers ou de la moitié des biens du mari [3]. Ce dernier peut encore l'avantager de ses acquêts et conquêts [4]. Si la femme accepte la moitié des meubles, elle est obligée d'acquitter la moitié des dettes ; si elle refuse son douaire, elle n'est point tenue à l'acquittement des dettes [5]. Si les biens du mari ont été confisqués (*pour ses démérites*), ses créanciers ne peuvent avoir recours contre la femme [6]. La moitié ou le tiers reçu par la femme à titre de douaire ne consiste qu'en usufruit (*doaire duquel mencion est faite premièrement n'emporte que usufruit*)[7]. Pour cette raison la femme doit entretenir en bon état les biens qu'elle reçoit ; si elle les laisse détériorer, ils peuvent lui être retirés [8]. Si une femme a reçu à titre de douaire une maison, elle doit veiller à la conservation du toit et des fenêtres ; le propriétaire n'est tenu que des grosses réparations (*gros murs et gros édifices*) ; et toutes ses obligations

---

[1] Houard, 165. — [2] Etabl. de St -Louis, 122. — [3] Ibid., 13, 14. Décision de Jean Desmares, 175. — [4] Etabl. de St.-Louis, 1, 14. — [5] Ibid. — [6] Décis. de Jean Desmares, 246, 129. — [7] Ibid., 175. Philippe-Auguste, en 1214, fixa le douaire à la moitié ; Henri II le reporta de nouveau au tiers. Merlin, Rep., v° Douaire. — [8] Etabl. de St.-Louis, 1, 16.

consistent à prévenir l'écroulement[1]. Si la femme a hypothèque sur tous les biens du mari[2], elle ne peut prétendre à ceux qui seraient advenus à ce dernier par succession collatérale après le mariage[3]. De même l'homme ne peut après le mariage constituer à sa femme un *douaire préfixe*. Une telle obligation est considérée comme nulle et non avenue[4]. Le douaire se constitue avant le mariage, et un gentilhomme diffère d'un bourgeois, en ce qu'il ne peut allouer à titre de douaire moins de la moitié de ses biens[5]; toutefois la femme ne peut réclamer la possession du douaire qu'après neuf ans[6]. Outre ce douaire ordinaire il en existe encore de deux sortes, le douaire *ad ostium ecclesiæ*, et le douaire *ex assensu patris*. Le mari peut à la porte de l'église ou du couvent (*à porte de moustier*[7]) où se célèbre le mariage, promettre à sa femme la totalité, la moitié ou une partie de ses biens; et en vertu de cette simple promesse, la femme devenue veuve entre en possession des biens qui lui ont été donnés[8]. Mais cette promesse n'a réellement d'efficacité qu'autant que le mariage a été consommé[9]. Le douaire prend le nom de douaire *ex assensu patris*, lorsqu'au moment du mariage l'époux n'était encore en possession d'aucune partie de sa fortune (*et se le mary n'était de rien saisy quand il épousa*). Dans ce cas le douaire est constitué d'après l'assentiment du père

---

[1] Décis. de Jean Desmares, 186. — [2] Ibid., 94. — [3] Ibid., 215. — [4] Ibid., 219. — [5] Ibid., 218. — [6] Houard, anciennes lois, I, 54. — [7] Etabl. de St.-Louis, I, 18. — [8] Houard, anciennes lois, 58. — [9] Ib., 59.

et se compose du tiers des biens de ce dernier ou de l'aïeul [1]; si le père refuse son consentement, le douaire ne peut être constitué [2]; si après la mort de son mari, la femme opte pour le douaire *ad ostium ecclesiæ*, ou pour le douaire *ex assensu patris*, elle ne peut plus réclamer le douaire légal, mais elle a la liberté du choix [3]; si c'est un mineur qui s'est engagé par un douaire *ad ostium ecclesiæ*, son héritier peut se refuser à le payer, ce qu'il ne pourrait faire s'il s'agissait d'un douaire *ex assensu patris*, parce qu'ici le consentement du père compense la minorité du fils [4]. A ces trois espèces de douaire nous pouvons en joindre une quatrième que l'on nomme *douaire de la plus belle* [5]. Si quelqu'un vient à mourir laissant des biens nobles et des biens roturiers (*service de chevalier et socage*), le suzerain est chargé des biens nobles en sa qualité de tuteur, et la mère des biens roturiers. Si la veuve tutrice réclame son douaire sur le fief noble, le suzerain peut lui allouer les fiefs roturiers s'ils suffisent; mais la femme est alors en droit de convoquer des témoins qui sont ordinairement des voisins, et de prendre possession en leur présence, des *plus belles terres* du fief roturier; de là la dénomination de *douaire de la plus belle* [6].

Après avoir passé en revue les diverses dispositions sur le douaire, il nous reste à parler de la *communauté* qui s'introduisit de bonne heure dans les pays de droit coutumier. Nous avons déjà dit plus haut que la veuve

---

[1] Houard, 59, 60. — [2] Ibid., 60. — [3] Ibid., 61. — [4] Ibid., 64 — [5] Ibid,, 65.— [6] Ibid., 67.

qui prend les meubles et les acquêts, est tenue de payer
les dettes du défunt. Les anciens jurisconsultes français expliquent cette communauté, non point en la
considérant comme un des caractères du mariage, mais
bien parce que, disent-ils, les époux après une co-ha-
bitation d'un an et d'un jour, forment une société tacite [1]. C'est pourquoi les enfants eux-mêmes prennent
part à cette communauté; de telle sorte que si l'un des
époux vient à mourir laissant un enfant, ce dernier
entre en communauté avec l'époux survivant; et si celui-ci se remarie, la communauté se compose alors
de trois personnes; et l'enfant, après la mort de l'un
des membres, a droit à deux parts de l'actif [2]. Ainsi,
dans ce sens, plusieurs enfants ne font avec leur père
et mère qu'une seule tête[3]. Comme Chopin [4] le prouve
par un acte émané de l'an 1293, cette doctrine de la
participation des enfants à la communauté, n'était
point admise par la coutume de Paris, d'après le principe que *ceux qui sont dessous le chief ne peuvent com-
paigner*. Cette communauté entre époux ne s'étend pas
aux biens propres, mais seulement aux biens meubles
et à tous les immeubles acquis durant le mariage, et
que la coutume de Paris appelle *conquêts* [5]. Il est bien
entendu, comme nous l'avons déjà observé, que les
dettes, même celles contractées par chacun des époux
avant le mariage (*paravant contractées*), entrent dans
la communauté [6]. La femme qui a un débiteur peut

---

[1] Laurière, Glossaire du Droit français, 270. — [2] Ibid., 271. —
[3] Ibid.— [4] Chopin, sur la coutume de Paris, liv. II, t. 2, n. 31. —
[5] Décis. de Jean Desmares, 161.— [6] Ibid, 247.

procéder contre lui par voie exécutoire ; mais du moment qu'elle se marie, ce droit lui est enlevé, sans qu'il appartienne pour cela à son mari : elle ne peut procéder que par voie d'action ; car pour être admis à poursuivre, il faut avoir la propriété exclusive et immédiate de l'objet réclamé : or la femme ne l'a pas, car l'objet appartient également à son mari, lequel ne peut poursuivre de son chef, puisque le débiteur ne s'est point originairement engagé envers lui [1]. L'obligation de payer les dettes était déjà très onéreuse par elle-même, et les croisades ne firent qu'en augmenter la rigueur. Les nobles faisaient des dettes pour défrayer leur voyage en terre sainte ; et lorsqu'ils ne revenaient pas ou revenaient insolvables, leurs femmes étaient tenues de les payer. De là cette coutume dont nous avons déjà parlé, qui permettait aux femmes nobles de se soustraire à cette obligation, en renonçant aux meubles de la communauté. Cette coutume, d'abord spéciale aux femmes nobles, s'étendit ensuite aux bourgeoises, et finit par devenir de droit commun [2]. La forme de la renonciation consistait à jeter les clés sur la tombe du défunt [3] ; quelquefois la veuve se dépouillait de sa ceinture, jetait sa bourse et ses clés sur le cadavre du défunt, ou les remettait entre les mains du juge [4]. D'après la coutume de Lille en Flandre [5], la femme sort de la maison du défunt avant le corps ; et si elle veut

---

[1] Décis. de Jean Desmares, 406. — [2] Laurière, Glossaire du Droit français, 270. — [3] Coutumes de Meaux, art. 35, 82. — de Lorraine, t. 2, art. 3. — de Bourgogne, t. 41. — [4] Coutume de Namur, art. 64. — [5] Coutume de Lille, art. 207.

définitivement renoncer à la communauté, elle n'y rentre plus. Ces diverses formalités ont pour but de rendre plus expresse la déclaration de la femme, faite devant les parents assemblés pour les funérailles [1]: l'acte de jeter la clé indique qu'elle renonce à l'administration des biens, celui de jeter sa bourse, qu'elle renonce aux biens eux-mêmes; enfin l'acte de se dépouiller de sa ceinture, annonce de sa part comme une espèce de cession générale [2].

Outre ce qui regarde la communauté, nous avons encore à passer rapidement en revue les diverses relations de fortune, établies entre les époux par le mariage. La femme mariée ne peut être appelée en justice par ses créanciers (*qui fait appeler famme mariée sans l'authorité de son mari, folement la fait appeler*) [3]. Pour qu'elle puisse être directement citée, il faut qu'elle soit marchande publique, qu'elle ait commis une insulte grave envers un tiers, ou quelque autre délit [4]. Pendant le mariage, le mari peut disposer de la communauté comme bon lui semble, sans le consentement de sa femme [5]; aurait-il acheté une rente viagère sur sa tête et sur la tête de sa femme, il peut la revendre à son gré [6]. Bien que le mari et la femme puissent pendant le mariage se faire respectivement des dons, les donations *mortis causá* directes ou indirectes leur sont prohibées [7]. Contrairement à ceci, les art. 411 et 429 de la coutume de Normandie défendent

---

[1] Laurière, Glossaire du Droit français. — [2] Ibid., I.— [3] Décis. de Jean Desmares, 76. — [4] Ibid., I. — [5] Ibid., 152.— [6] Ibid., 1.— [7] Ib., 235.

aux époux de se faire des cadeaux *inter vivos*, tandis que le mari peut donner à sa femme, par testament, le tiers de ses biens immeubles s'il a des enfants, et la moitié s'il n'en a pas [1].

Quant à la puissance paternelle et à la tutelle, nous traiterons ces deux sujets simultanément. Un gentilhomme, en mariant son fils ou en l'armant chevalier, lui donne le tiers de son bien [2]; mais il ne peut lui donner la portion que sa femme a reçue de lui, à titre de douaire *à porte de moustier* [3]. Les rapports de puissance paternelle, qui d'après le Droit coutumier unissent également le mari à la femme [4], doivent être empreints d'un tel caractère d'unité, qu'entre le père et les enfants, entre la mère et les enfants, le mari et la femme, il ne peut y avoir aucune sauve-garde, c'est-à-dire aucune garantie pour leurs droits respectifs ; car cette sauve-garde impliquerait une diversité d'intérêts, qui ne peut exister entre personnes si étroitement unies [6]. Un bâtard seul ne peut être considéré comme se trouvant sous d'autre puissance que celle de son seigneur ; il ne peut avoir d'autres héritiers que des héritiers directs issus d'un mariage légitime. A défaut de ceux-ci, ses biens appartiennent au seigneur (*toutes ses choses sont à ses seigneurs* [7]. Il peut faire donation à l'église de ses effets mobiliers, et sa veuve a toujours droit à son douaire; mais après la mort de cette dernière, le

---

[1] Houard, I, 246. — [2] Etabl. de St.-Louis, I, 19. — [3] Ibid. Conseil de Pierre Desfontaines, t. 54. — [4] Décis. de Jean Desmares, 58. — [5] Ibid., 171. — [6] Laurière, Glossaire du Droit franç., 547. — [7] Etabl. de St.-Louis, I, 95.

douaire retourne au seigneur [1]. Les enfants qu'une femme de bonne foi aurait eus d'un mariage putatif avec un prêtre, ne sont point bâtards, mais bien légitimes ; cette disposition, empruntée au droit canon, se trouve confirmée par un arrêt du parlement de Paris de 1580 [2]. Quant à la fortune propre des enfants qui se trouvent sous la puissance paternelle, si elle leur vient de donations, elle leur appartient exclusivement (*mais doit être converty en icelle cause*) [3]. La doctrine romaine du pécule adventice paraît avoir eu ici son application.

Aucun gentilhomme ne peut posséder ni réclamer de fief avant vingt et un ans [4] ; il peut prouver son âge par le témoignage de son parrain, ou du prêtre qui l'a baptisé, ou à leur défaut, par le témoignage d'hommes et de femmes dignes de foi (*preudoms et preudes fames*) [5]. Jusqu'à l'âge de vingt et un ans, le fils reste sous la tutelle (bail) de la mère, et la fille jusqu'à quinze ans : la tutrice doit tenir tous les biens en bon état, et si elle ne le fait, et qu'elle se remarie, on pourra plus tard attaquer son administration [6]. Si la mère n'a pas la tutelle, elle appartient au plus proche parent dans la ligne du fief (*qui appartient d'ou cousté dont li fief vient*) [7]. Ce dernier administre le fief jusqu'à ce qu'un des enfants soit parvenu à l'âge requis pour pouvoir faire hommage à son seigneur, et admi-

---

[1] Etabl. de St.-Louis, 98 — [2] Décis. de Jean Desmares, 11. — [3] Ibid., 248. — [4] Etabl. de St.-Louis, 71. Décis. de Jean Desmares, 249. — [5] Ibid. Beaumanoir, p, 93. — [6] Ibid., I, 17. — [7] Beaumanoir, Coutumes de Beauvoisins, c. 15.

nistrer au nom ses frères et sœurs [1]; et en général, personne ne peut être contraint de prendre la tutelle (*voire est que nus n'est contraint à penre bail, ne estre garde d'enfants*) [2]; La loi observe bien plutôt que chacun doit prendre garde avant de s'en charger (*et bien se gart qui le prend*) [3].

L'expression de *bail* n'est ordinairement employée que quand il s'agit de la tutelle des gentilshommes qui possèdent des biens nobles. Pour un vilain, il n'y a point de *bail* (*en villenage n'a point de bail*) [4]; mais seulement une *garde* dont se trouvent également chargés les plus proches parents. L'âge précis de la puberté commence chez l'homme à quinze ans, et chez la femme à douze; mais seulement, d'après la coutume de Beauvoisins, et non point d'après celle de France, comme dit Beaumanoir [5]. Parmi les charges imposées au tuteur qui prend un *bail*, on peut compter cette circonstance, que les créanciers du mineur ont recours contre lui pour le paiement des dettes de ce dernier [6]. Le but de cette disposition est d'inspirer au tuteur un plus grand zèle pour les intérêts du pupille, et de l'empêcher de faire de la tutelle une spéculation à son avantage [7]. Les créanciers qui ne s'adresseraient pas directement au tuteur, perdent toute action contre le

---

[1] Beaumanoir, I. — [2] Ibid. — [3] Ibid. — [4] Ibid. Les Etabl. de St.-Louis disent : « Bail si est de fié, mais en vilenage si n'a point de bail. » Suivant les Décis. de Jean Desmâres : « Garde a lieu en ligne directe, et bail en ligne collatérale. » — [5] Ibid., 88. 91. — [6] Ibid., 89. Décis. de Jean Desmares, 360. — [7] Laurière, Glossaire du Droit français, 113.

23

pupille [1]. Les avantages qui répondent à ces charges consistent en ce que le tuteur, pendant son administration, a la jouissance des revenus du pupille, ce qui se conçoit, puisqu'il est personnellement tenu à tous les services féodaux envers le suzerain [2]; si aucun des parents ne veut prendre la tutelle, le seigneur est obligé de s'en charger [3] (*et doncques leur doit bien li sires livrer soustenance*). Une femme sortie de la minorité, et déjà en possession de son fief, peut retomber dans son premier état; pour cela, il lui suffit d'épouser un mineur, c'est-à-dire un homme qui n'ait pas encore atteint l'âge de quinze ans, suivant la coutume de Beauvoisins, ou l'âge de vingt et un ans, suivant les autres coutumes de France [4]; car la femme une fois mariée ne peut prêter le service féodal, le mineur ne le peut faire vu son âge; le besoin d'un tuteur est donc ici indispensable [5]. De ce qu'en plusieurs cas l'administration est conservée à la femme, on doit le considérer comme une faiblesse de la loi, et non comme le résultat d'un droit (*mes nous créons que che fust par débonnaireté et non par droict*) [6]. Les maniaques, aveugles, sourds ou pauvres, ne peuvent être tuteurs à moins de donner caution [7].

Avant de pénétrer plus avant dans le droit de succession d'après les vieilles coutumes, il est à propos de jeter un coup d'œil sur les choses qui font l'objet de ce droit. Ici nous apparaît tout d'abord la grande division

---

[1] Bouteiller, Somme rurale, I, 93. — [2] Lausière, 112. — [3] Beaumanoir, 89. — [4] Ibid., 91. — [5] Ibid. — [6] Ibid. — [7] Ibid., 92.

entre les meubles (muebles), et les immeubles, héritages (hirétage)[1]. On appelle meubles, toute chose produite par l'héritage ou l'immeuble (*muebles si sont toutes les choses, qui des hirétages issent*)[2]; ainsi, le blé après la moisson, les fruits quand ils sont cueillis. Au contraire, l'héritage ou immeuble, c'est un fonds de terre, une prairie, une vigne ou une rente; il peut former une propriété directe, ou faire partie d'une tenûre féodale[3]. Beaumanoir prétend, dans la coutume de Beauvoisins, que nonobstant ce que nous venons de dire, il a été témoin de trois arrêts du tribunal de Clermont, qui déclarent meubles les épis non encore coupés[4]. Une rente arrivée à son échéance et payée, prend le caractère d'un meuble; jusqu'à ce moment elle est immeuble (*héritage*)[5].

La succession *ab intestat* peut s'opérer de deux manières, ou par *descendement*, c'est-à-dire quand elle se produit en ligne directe à l'infini, ou par *escheoite*, c'est-à-dire lorsqu'à défaut des descendants, elle passe à la ligne collatérale[6]. S'il existe des descendants mâles, l'aîné prend le fief principal (*chief manoir*), et en outre le tiers des autres fiefs; le tiers restant est partagé également entre les frères et sœurs puînés (*maisnées*), qui deviennent les vassaux de leur frère aîné[7]. S'il n'existe que des filles, l'aînée, d'après la coutume de Beauvoisins, prend le *chief manoir*, et les autres se

---

[1] Beaumanoir, c. 23, p. 120. — [2] Ibid., liv. 1. — [3] Ibid. — [4] Ibid., 120, 121. — [5] Ibid., 122. — [6] Ibid., p. 14, P. 59. Le descendement s'appelle aussi droite aventure, voyez Etabl. de St.-Louis, 1, 21. — [7] Beaumanoir, liv. 1.

partagent le reste des fiefs. Cette préférence accordée à l'aîné des deux sexes, s'appelle un *cocq* dans les *Établissements de saint Louis* [1], et dans plusieurs autres coutumes porte le nom de *vol de chapon* [2].

Mais, s'il s'agit d'un héritage qui ne soit pas tenu en fief (villenage), le droit d'aînesse n'est point admis, et tous les enfants succèdent également (*ains emporte autant li maisnez cousme li ainsnés*) [3]. Le mot *vilenage* s'applique dans ce sens à tout bien payant au seigneur une redevance quelconque (*cens, rentes* ou *champart*), par opposition au *fief*, propriété essentiellement libre de charges de cette nature [4]. Dans la succession en ligne collatérale (*escheoite*), il n'y a point de droit d'aînesse, et chaque héritier entre en rapport direct avec le seigneur [5]. En collatérale, les femmes ne concourent point avec les mâles, elles ne viennent à la succession qu'à leur défaut, ou au cas où elles appartiendraient à un degré plus proche [6]. La succession collatérale diffère encore de la succession directe, en ce que dans la première on est tenu de payer au seigneur des *droits de mutation* (*rachapts*) [7], ce qui n'a pas lieu pour la seconde. Lorsqu'il s'agit de faire le partage d'un bien roturier (villenage), les femmes, en ligne collatérale, concourent par égale part avec les mâles du même degré; il s'agit ici exclusivement du nombre des têtes , et la

[1] Etabl. de St -Louis, I, 10. — [2] Ancienne coutume de Paris, art. 8. — de Berry, t. 19, art. 38.— de Meaux, art. 161.— [3] Beaumanoir, 39. — [4] Ibid., liv. I. — [5] Ibid.— [6] Ibid., 80. — [7] Ibid., liv. I, en la comtée de Clermont, exceptez les fiefs et les arrière-fiefs de Bules et de Conty.

différence des sexes n'est comptée pour rien [1]. Dans les deux genres de succession, la transmission du fief entraîne pour l'héritier l'obligation de faire hommage au seigneur dans les quatorze jours, et le seigneur n'est point tenu de prendre l'initiative en réclamant lui-même l'hommage de la part du vassal (*che il n'est pas tenus a fere savoir a cheli a qui li fiez est venus ou escheus, qu'il viengne en son houmage*) [2]. Le droit de représentation, admis en ligne directe par le Droit Romain, ne pouvait trouver sa place là où les rapports féodaux font la base du droit de succession, au cas seulement où lors du mariage d'un enfant, il aurait été expressément stipulé que les enfants qui en naîtraient tiendraient lieu et place de leur auteur, alors le droit de réprésentation pouvait être admis [3]. Un bâtard ne peut transférer sa succession à d'autres qu'à ses descendants ; à défaut de ces derniers, elle est directement dévolue au seigneur [4].

Le droit de tester, qui a passé de la législation romaine dans les législations les plus anciennes, comme par exemple les capitulaires, ce droit se trouve aussi dans le droit coutumier primitif, mais environné de certaines limites. Ainsi, un homme ayant des enfants légitimes et aptes à succéder, peut bien disposer en faveur d'un étranger de tous ses biens meubles et de tous ses acquêts, mais il ne peut donner que le cinquième de ses immeubles [5]. Cette dernière faculté

---

[1] Beaumanoir, 80. — [2] Ibid., 81. — [3] Décis. de Jean Desmares, 238. — [4] Beaumanoir, 97. Décis. de Jean Desmares, 239, 240, 242. — [5] Décis. de Jean Desmares, 149, 237.— Beaumanoir, 63.

n'est point accordée à un bâtard, qui ne peut librement disposer que des deux premières parties. [1] D'après les *Établissements de saint Louis*; cette quotité disponible peut quelquefois s'élever jusqu'au tiers des immeubles [2]; mais d'après le même document, la femme ne peut disposer de quoi que ce soit au détriment de ses héritiers directs. Suivant la coutume de Beauvoisins, le légataire qui reçoit ainsi la totalité des meubles, les acquêts et un cinquième des immeubles, est tenu de payer les dettes du légateur (*car male chose serait si li droit hoir de chelui qui les lais fait, qui n'emporte que les quatre parts de l'hiretage estoient encombré de paier detes et torts faicts*) [3]. Les créanciers du défunt peuvent d'abord s'emparer des meubles; si les meubles ne suffisent pas, des acquêts, et enfin du cinquième des immeubles. Le légataire qui détient cette portion de la succession, peut se refuser à payer les dettes du défunt; mais alors le cinquième qui lui a été légué revient à la masse, et alors seulement les héritiers *ab intestat* sont tenus du paiement des dettes [4]; et si, en thèse générale, le testateur peut disposer en faveur d'un étranger, de ses meubles, de ses acquêts et du cinquième de ses immeubles, ce n'est que dans l'hypothèse, où la portion qui reste aux héritiers *ab intestat*, suffira à leur entretien. Dans le cas contraire, on reprend sur les legs une portion suffisante pour que les enfants du légataire puissent vivre convenablement [5]. Celui qui dépouille ainsi ses héritiers *ab intes-*

---

[1] Déc. de Jean Desmares, 241. — [2] Établ. de St.-Louis, 62. — [3] Beaumanoir, 63. — [4] Ibid., 64. — [5] Ibid, 66.

tat de toute la quotité disponible , est tenu d'exposer les motifs qui l'ont porté à les exhéréder ; ceci ne saurait s'appliquer [1] aux quatre cinquièmes restants qui appartiennent de droit aux héritiers , et dont ils ne peuvent être privés. Si , parmi plusieurs héritiers *ab intestat* , un seul attaque le testament, au cas où il triompherait , ses co-héritiers, qui n'ont pas pris part au procès, ne sauraient profiter des conséquences [2]. La maxime romaine, concernant la possession des biens *contrà tabulas* , qui fait participer aux bénéfices du procès les héritiers qui ont gardé le silence , *commisso per alios edicto*, ne reçoit point ici son application.

De même, nous trouvons ici une disposition qui s'écarte du droit civil romain , relativement à la faculté de confier à un autre la *testamenti factio*, ou en d'autres termes de tester *ex alieno arbitrio* [3]. C'est la même prescription que nous rencontrons dans les législations espagnoles du moyen-âge , lorsque l'on confie à un tiers (*cabeçalero*), le soin de faire le testament [4]. Ceci a quelque rapport avec les attributions confiées par le droit primitif à l'*executor testamenti* ; les exécuteurs testamentaires doivent se mettre en possession des meubles du défunt, à l'exclusion des héritiers eux-mêmes [5], à moins toutefois que ces derniers ne leur donnent valable caution pour l'acquittement des legs faits par le défunt [6]. La première obligation imposée aux exécuteurs testamentaires, est de dresser un inventaire

---

[1] Beaumanoir, l. 1. — [2] Ibid., 67. — [3] Décis. de Jean Desmares. — [4] Voy. Gans Erbrecht, III, 423. — [5] Décis. de Jean Desmares. — [6] Beaumanoir, 73.

des objets qui leur sont confiés [1]. S'ils ne remplissent pas cette formalité, ils encourent une peine, et ils sont tenus de remettre aux héritiers tout ce qui reste après le paiement des dettes du testament [2]. Ces derniers ne sont point liés par l'obligation de l'inventaire, qui s'applique encore aux tuteurs et aux curateurs [3]; à défaut d'autre exécuteur testamentaire, cette qualité est dévolue à l'évêque, et en dernier ressort au roi, qui est de droit préposé à l'exécution des dernières volontés de ses sujets [4].

Un acte de possession quelconque, fait sur une succession par un prétendu héritier, n'empêche pas le véritable héritier de se trouver saisi de la succession, en vertu de la vieille maxime de jurisprudence : *Le mort saisit le vif* [5]. Cette maxime qui , d'après *Cujas* et *Pithou* [6], repose sur une fausse interprétation du liv. xxx du Digeste, *ex quibus causis majores*, etc., est bien plutôt la conséquence de cette idée, que le patrimoine du testateur appartient immédiatement à ses héritiers, sans que ni la volonté, ni un acte de possession de la part d'un tiers puisse porter obstacle à ce droit absolu de propriété.

Du moment où un individu décède, son héritier se trouve immédiatement saisi du patrimoine, ou pour mieux dire, de la personne même du défunt qu'il représente. Si plusieurs héritiers se disputent sa succession, les créanciers du défunt n'ont point à en souffrir;

---

[1] Décis. de Jean Desmares, 50. — [2] Beaumanoir, 75.— [3] Décis. de Jean Desmares, 71.— [4] Ibid, 68, 69. — [5] Ibid., 21, 52 — Ad coll. leg. mos, t. 16, n. 26.

c'est-à-dire qu'ils doivent être satisfaits avant tout jugement définitif[1]. Toutefois la maxime : *le mort saisit le vif* n'est point applicable quand il s'agit d'un fief : car l'héritier d'un fief ne saurait entrer en possession avant d'avoir rendu foi et hommage au seigneur. Ce qui n'empêche pas que le principe ne conserve toute sa valeur relativement à des tiers [2]. Quant à ce qui concerne le partage des meubles, le mari ou la femme en prennent la moitié, comme nous l'avons déjà dit, de telle sorte que s'ils viennent à se remarier, après leur mort, les enfants du premier lit ont droit à la propriété exclusive d'une moitié, et de plus, partagent la seconde avec les enfants du second lit. Les choses ne se passent pas de même relativement aux conquêts (*conquêst, gaignage*). Ici, les enfants du second lit reçoivent autant que ceux du premier lit [3]. Si parmi les enfants quelques-uns ont été mariés aux frais communs des parents, tandis que d'autres sont restés au logis, il faut, pour que les premiers participent à la succession, qu'ils fassent le rapport de ce qu'ils ont reçu[4] ; s'ils s'y refusent, ils sont obligés de s'abstenir de la succession. Si tous les enfants ont été mariés, ils arrivent tous à la succession sans être tenus au rapport [5].

[1] Décis. de Jean Desmares, 65. — [2] Ibid., 235, 236. — [3] Etabl. de St.-Louis, I, 137. — [4] Décis. de Jean Desmares, 236. — [5] Ibid., l. l.

NOUVEAU DROIT COUTUMIER.

En terminant le Droit coutumier primitif, et avant de passer au Droit coutumier postérieur, il importe de tracer d'avance la route que nous aurons à suivre. Il serait absolument impossible de faire une énumération minutieuse et spéciale des diversités et des similitudes que présentaient les cinq cents coutumes de France. La partie de notre œuvre que nous avons consacrée au moyen-âge suffirait à peine pour contenir l'histoire des divergences, d'ailleurs peu intéressantes, de chaque coutume. La méthode que nous emploierons ici sera plus en harmonie avec celle que l'on adopte ordinairement en Allemagne, dans les traités de droit privé. C'est-à-dire qu'après avoir présenté les faits isolés, nous chercherons à en extraire un ensemble qui se formulera bien plutôt en une série de principes qu'en un travail complet sur la matière. Les parties saillantes des coutumes seront l'objet d'une attention spéciale, et nous serviront de guides à travers le labyrinthe du droit coutumier. Ainsi se trouveront élaguées les matières surabondantes qui, sans utilité réelle, ne pourraient qu'augmenter les difficultés du sujet.

En thèse générale, le mariage est toujours précédé

des fiançailles ; mais il n'est point la conséquence nécessaire et indispensable de cette dernière cérémonie.
(*Fille fiancée n'est prise ni laissée* [1]), ou encore, d'après
le proverbe : (*Tel fiance qui n'épouse pas*). Le droit
coutumier primitif exigeait, pour la validité du mariage, le consentement du seigneur; cette disposition
semble être peu à peu tombée en désuétude relativement aux personnes libres, et n'avoir conservé toute
sa force qu'à l'égard des serfs. Ce qui le prouve, c'est
la doctrine des *mariages par échange*, que nous rencontrons dans quelques coutumes [2]. Autrefois, serfs et
vassaux libres ne pouvaient se marier sans le consentement du seigneur; mais comme l'église tenait pour
valables de tels mariages, les seigneurs cherchèrent à
les arrêter en imposant des peines aux contrevenants,
et c'est alors que pour s'assurer l'impunité, les serfs
eurent recours aux *mariages par échange* [3]. Si un serf
désirait contracter mariage avec une *serve* d'un autre
seigneur que le sien, il commençait par s'informer si
dans les domaines du seigneur de sa future il n'existait
pas quelque autre serf qui voulût se marier avec une
serve de son propre seigneur. Le cas échéant, les deux
serfs obtenaient de leurs seigneurs respectifs un permis
d'échange, et chacun d'eux pouvait épouser la femme
qu'il avait choisie. Telle est l'origine des *mariages par
échange*. Ces sortes de mariages avaient souvent

---

[1] Loisel, Inst. coutum., p. 55. — [2] Coutume du Nivernais, c. 8, art.
51, c. 25, art. 25. — [3] Du Breuil, Antiquités de Paris, édit. de 1659,
p. 281. Chassenctz sur la cout. de Bourgogne, rubr. 9, art. 21. —

lieu entre serfs du même seigneur, dans le but d'enlever à ce dernier le droit de *main morte*, et d'assurer aux enfants à naître la propriété de leurs biens [1]. Quelquefois il est question, dans les coutumes, de *mariages par échange* entre personnes libres [2]. Ceci vient de ce que jadis tout roturier était serf, et que, dans plusieurs coutumes, les dispositions qui les concernaient avaient conservé force de loi [3]. Autrefois une simple convention verbale faite *aux portes des moustiers* suffisait pour valider l'union des conjoints ; plus tard, la nécessité d'un contrat écrit devint indispensable ; ce mode de procéder est aujourd'hui universel chez les Français, tandis qu'en Allemagne la plupart des mariages n'ont pour principe que la simple convention. Ainsi, ce que dans la coutume de *Normandie* [4] on nomme *record de mariage* n'est autre chose que le témoignage écrit des plus proches parents qui ont assisté à la cérémonie, et certifient des conventions établies entre les époux. Dans certaines parties de la France, la coutume voulait qu'on offrît au seigneur un plat de chacun des mets servis au repas de noce. Dans quelques autres, l'époux lui-même devait, le jour de la noce, se rendre au château du seigneur, accompagné d'un violon, et lui porter *les mets du ma-*

---

[1] Cout. du Nivernais, c. 8, art. 31. — [2] Ibid., c. 25, art. 25. cout. du Bourbonnais, art. 265. — [3] Cout. de Saintonge, art. 1. — [4] Ch. 386, 587. Le contrat de mariage une fois rédigé, aucune modification ne peut y être apportée par des actes particuliers faits hors de la présence des parents qui assistaient à la rédaction du contrat. Ceci est établi par l'axiome légal : Toutes contre-lettres sont défendues.

riage, qui se composaient de deux poules, deux mesures de vin, deux pains et un gigot de mouton. Ensuite on se livrait à la danse dans le préau, et puis chacun se retirait chez soi[1]. Cette coutume n'était observée que dans un petit nombre de seigneuries : celle de *Boulaye* en Normandie et dans le diocèse de *Mascé* en Berry ; elle finit par tomber en désuétude ainsi que les autres droits du seigneur. Bien que le mariage ne consiste guère qu'en une cérémonie religieuse, toutefois l'état ne laissait pas que d'exercer une certaine influence sur sa célébration, ou tout au moins sur ses conséquences. Aussi voit-on, dans quelques coutumes, une différence établie quant à la séparation de communauté entre un *mariage roturier* [2] et un *mariage noble*.

Le consentement du seigneur cesse d'être obligatoire, et à sa place la loi impose la nécessité de celui du père ou de la mère. Ce n'est qu'après la majorité accomplie, c'est-à-dire à l'âge de trente ans pour les hommes, et de vingt-cinq ans pour les filles, que les enfants peuvent librement contracter mariage [3]. Toutefois l'état du mariage suffit pour mettre fin à la puissance paternelle, et les conjoints sont de droit émancipés [4]. L'homme, pendant la durée du mariage, exerce sur sa femme une espèce de tutelle connue sous le nom de *bail de mariage* [5]. En cette qualité de tuteur, il a

[1] Laurière, Glossaire du Droit franç., 112. — [2] Coutume du pays de Loudunois, ch. 29, art. 11 — [3] Loisel, p. 57. — [4] Ibid., p. 58. — [5] Cout. de Clermont en Beauvoisis, art. 90. Amiens de 1367, art. 9, Cambray, t. 1, art. 26, t. VIII, art. 5.

l'administration des biens et la libre disposition des meubles, sans que sa femme puisse, après sa mort, attaquer les aliénations. Quant aux immeubles, le mari ne peut les aliéner sans le consentement de sa femme; et il ne peut non plus disposer par testament de la partie des meubles qui revient à sa femme après son décès[1]. C'est ordinairement le mari qui, en sa qualité de tuteur de sa femme, fait en son nom la foi et hommage dus au seigneur[2]. C'est aussi en cette qualité qu'il a la jouissance des biens communs. Il se pourrait que cette qualité de tuteur dévolue à l'homme fût la cause de la communauté de biens entre époux établie en faveur de la femme, à titre de dédommagement.

Outre le mariage ordinaire, il existe encore, quant au fait en lui-même et à sa dénomination, certaines variétés qu'il importe d'expliquer. Le mariage à *mort-gage* a lieu lorsque le père ou la mère donnent aux conjoints la jouissance d'un bien quelconque, à charge de retour après la dissolution du mariage. C'est ordinairement à l'occasion du mariage des cadets qu'on stipule de semblables contrats[3]. On appelle *mariage avenant* l'union contractée par une fille noble avec une *convenable personne* selon *son lignage et ses possessions*[4]. Le terme *avenant* s'applique à la part dévolue

---

[1] Cout. d'Artois de 1544, art. 154. — [2] Ancienne [chronique de Flandre, ch. 69. Le relief dû par le mari au nom de la femme, s'appelle pour ce motif relief de bail. Coutumier de Clermont, art. 87, 89, d'Amiens, art. 9, de Péronne, art. 124, de Ponthieu, art. 27, de Chauny, art. 78, de Boulonois, art. 48, de Montreuil, art. 16 — [3] Cout. de Clermont, art. 82, de Coucy, art. 8, de Thérouanne, art. 1. — [4] Le grand Coutumier de Normandie, c. 26, cout. du pays de Normandie, art. 259 et suiv.

à la fille dans les immeubles laissés par ses père et mère; cette portion embrasse le tiers des immeubles [1]. Le mot *mariage*, dans son sens juridique, a trait non pas seulement à l'union des époux, mais encore à la portion de biens allouée pour leur entretien, c'est-à-dire à la dot ou au *maritagium* [2]. Cette dot, en tant qu'elle exclue les filles de la succession à venir, s'appelle encore *mariage divis* [3]. Enfin, nous rencontrons dans *la coutume de Namur* [4] l'expression de *plain siège de mariage*. L'époux marié sous ce régime peut aliéner ses immeubles sans le consentement de sa femme, à moins de conventions contraires stipulées dans le contrat (*pourveu qu'il n'y ait convenances du mariage au contraire*). Le mari peut même échanger ses fiefs contre des biens allodiaux; et ces derniers forment alors la succession dévolue à ses enfants [5].

Pour ce qui concerne les relations de fortune entre époux, le droit coutumier n'admet point, comme en droit romain, l'obligation d'une dot apportée au mari par la femme; car, si, comme nous l'avons déjà dit, le mari a la jouissance des revenus de sa femme, ce n'est qu'en sa qualité de tuteur (*bailistre*). Dans les pays de droit écrit où le droit romain est le droit commun, la dot est généralement admise; on stipule même un *augment de dot*. Cet *augmentum dotis* n'est autre chose qu'un présent fait par le mari à sa femme,

---

[1] Touraine, art. 253, Loudunois, art. 1, tit 26, 27. — [2] Cout. de la Bourt, tit. 9, art. 12. — [3] Laurière, Glossaire du Droit franç. — art. 50, 85. — [4] Cout. de Namur, art. 83.

matrimonii causá [1]. Ceci ressemble à la *donation propter nuptias* du droit romain , et à l'*antefactum* du droit pisan [2]; sa quotité varie suivant les stipulations du contrat ou les prescriptions de la coutume. A Toulouse, l'*augmentum dotis* s'élevait à la moitié de la dot ; à Lyon, à la moitié également si la dot était en argent comptant, et au tiers si elle consistait en immeubles. Dans d'autres pays, l'*augmentum dotis* est de la moitié de la dot si le mari a épousé une femme son égale ou d'un rang supérieur, et d'un tiers si la femme est d'un rang inférieur; au cas, par exemple, où un gentilhomme épouse une bourgeoise [3], si la femme survit au mari, sans enfants, elle a la pleine propriété de l'augment de dot. S'il existe des enfants, elle n'a droit qu'à une part virile ; et si elle convole en secondes noces , elle n'a que l'usufruit de cette même part virile. Plusieurs ont cru voir une analogie, ou plutôt une parfaite ressemblance entre l'*augmentum dotis* du midi de la France et le douaire (*witthum*) du nord. Cette opinion repose sur ce fait réel que la *donatio propter nuptias* imitée de l'*antipherne* grec [4], se rapproche beaucoup du douaire germanique ; mais la différence capitale consiste en ce que la donation *propter nuptias* est la contre-partie et la conséquence même de la dot, tandis que le douaire n'est qu'un simple témoignage d'affection de la part du mari, sans qu'il en résulte l'obligation d'une dot de la part de la femme. Les autres dif-

---

[1] Consuetudines Tolosæ, pars III: t. 3, art. 2. — [2] Gans Erbrecht. — [3] Argou, Inst. au Droit franç., II, 119. — [4] Gans-Erbrecht, II, 286.

férences ne sont que la conséquence de cette distinction capitale. Ainsi, la femme n'a généralement sur le douaire qu'un droit d'usufruit, tandis qu'elle a la pleine propriété de l'augment de dot. L'augment de dot peut être fixé au gré des parties, tandis que, dans presque toutes les nouvelles coutumes, le douaire se trouve établi une fois pour toutes; car si plus tard on a établi le *douaire préfix*, c'est une sorte de douaire exceptionnel qui est en dehors des prescriptions de la plupart des coutumes. De même, l'*augment* de dot n'est point obligatoire du moment où la femme, promettant une dot, ne l'apporterait point, tandis que le douaire existe indépendamment de tout acte de la part de la femme. Enfin l'*augment de dot*, au cas d'un second mariage, souffre diverses modifications qui ne sauraient s'appliquer au *douaire coutumier*[1].

Le douaire, qui n'est autre chose qu'une *dot* constituée par le mari à sa femme, est fondé sur la nature même du mariage, sur les rapports d'affection qui unissent les époux, et sur le principe de communauté conjugale. Depuis *Philippe-Auguste*, la plupart des coutumes fixent le douaire à la moitié des immeubles possédés par le mari[2]. Toutefois, la quotité du douaire peut encore être déterminée arbitrairement par les parties; c'est alors ce qu'on appelle *douaire préfix, limité, accordé* ou *conventionnel*[3]. Le douaire coutumier est

---

[1] Olive, Questions notables, l. III, c. 13, Brodeau, su. M. Louet, lettre IV, sommaire 3, n. 10. Ricard, Traité des donations entre-vifs, part. III, c. 9. — [2] Loisel, p. 51. Merlin, Rép. au mot Douaire. — [3] Montargis, c. 14, art. 1, 2. Orléans, art. 238, 239, 240. Tours,

celui qui est fixé par la coutume à défaut de stipulation de la part des conjoints. La différence principale
entre ces deux douaires, c'est que les dettes immobi-
lières contractées par l'époux avant le mariage dimi-
nuent de plein droit le douaire coutumier. Cette diminution n'a pas lieu à l'égard du *douaire préfix*, parce
que c'est le mari lui-même qui l'a réglé d'une manière
définitive. Nous devons néanmoins observer que si les
dettes du mari absorbent la totalité de ses biens, il ne
lui est pas permis de constituer un douaire préfix [1].
Dans quelques coutumes, la femme a le choix du
douaire préfix ou du coutumier; dans d'autres, ce choix
ne lui est point permis [2], c'est-à-dire que, du moment
qu'il y a un douaire stipulé par le contrat de mariage,
la femme est obligée de s'y tenir. (*Femme qui prend
douaire convenancé se prive du coutumier* [3]). Dans
quelques coutumes, les dispositions de l'ancien droit
ont été changées pour être rédigées dans ce sens, par
exemple, dans la coutume de *Melun* [4]. Les coutumes
dans lesquelles la femme n'a pas d'option se fondent
sur un principe essentiellement juste; car du moment
où les héritiers du mari, dans le cas d'un douaire préfix supérieur, n'ont pas la faculté de réduire la femme
au douaire coutumier; il ne serait pas juste d'accorder
à la femme le droit de choisir le douaire coutumier
lorsqu'il est plus avantageux. Il existe un petit nom-

art. 187. Loudunois, ch. 13, art. 31. Chatcauneuf, art. 55. Blois,
art. 187. Chartres, art. 52, etc.

[1] Argou, Inst. au Droit franç , II, 127, 128. — [2] Paris, art. 261. —
[3] Vermandois, art 34. — [4] Nouv. Coul., art. 257.

bre de coutumes [1] où il est expressément défendu de stipuler un douaire qui excède le coutumier, mais il peut être stipulé moindre que le coutumier.

Nous avons déjà posé ailleurs la question de savoir si le douaire et le don nuptial connu sous le nom de *morgengeba (présent du matin des noces)* portaient sur deux faits distincts, ou avaient une signification identique[2]. Nous avons adopté cette dernière opinion, parce qu'en réalité le *morgengeba* n'est autre chose que la manifestation extérieure des attributs caractéristiques du douaire; car, sous le point de vue moral, il est clair que le prix d'achat d'une femme doit lui appartenir comme un témoignage d'amour de la part de son mari. Aussi partout le don nuptial est acquis à la femme du jour qui suit la consommation du mariage; c'est aussi ce qui est consacré par le droit coutumier relativement au douaire (*au coucher la femme gagne son douaire* [3]). Suivant d'autres coutumes, la femme gagne son douaire du moment où elle met le pied dans le lit nuptial [4]. Il y a des coutumes [5] d'après lesquelles il suffit que le mariage soit définitivement conclu *verba de presenti*, encore qu'il n'ait pas été charnellement consommé. Quelques jurisconsultes [6] ont pensé que le douaire n'avait rien de commun avec le *morgengeba* germanique, parce que ce dernier don nuptial n'était qu'une sorte de compensation pour la perte de la virginité, tandis que le *douaire* se constituait éga-

---

[1] Touraine, art. 552. — [2] Gans-Erbrecht, III, 204, 205. — [3] Cout. de Normandie, c. 101. — [4] Bretagne, art. 450. — [5] Bourbonnois, art. 249. — [6] Laurière, Glossaire du Droit franç., 1,365.

lement en faveur des veuves qui convolaient en secondes noces ; ceci n'est autre chose qu'une extension donnée au *morgengeba* : ce qui n'était d'abord qu'un prix matériel devient un témoignage d'affection conjugale , et le *pretium nuptiale* se transforme en douaire.

La femme, comme nous l'avons déjà dit, n'a sur son douaire qu'un droit d'usufruit. Dans quelques coutumes [1], la nue-propriété appartient aux enfants, qui entrent dans l'exercice de leur droit après la mort de leurs père et mère ; dans d'autres, le douaire s'éteint par la mort de la mère, et ne passe point aux enfants [2]. Dans les coutumes qui accordent aux enfants la propriété du douaire, à défaut de ceūx-ci , le douaire est dévolu aux héritiers du mari. Quelquefois la femme a son douaire en pleine propriété ; c'est ce qu'on appelle douaire šans retour, parce que, dans ce cas, il ne retourne point à la succession du mari ; mais il faut que cette stipulation soit clairement exprimée ; car si l'on se contentait de la simple fixation d'une somme à titre de douaire, cette disposition serait interprétée suivant le droit commun, qui n'accorde à la femme que l'usufruit. Il n'y a qu'un petit nombre de coutumes qui donnent de plein droit à la femme la pleine propriété du douaire [3].

Il n'est pas permis de stipuler un douaire sans retour dans les coutumes où le *douaire préfix* ne peut excéder le *coutumier*. Il y a des coutumes [4] où la femme est saisie de son douaire du jour du décès du

---

[1] Paris, art. 249. — [2] Sens, art. 163. — [3] Argou, Iust. au Droit fr., II, 131. — [4] Paris, art. 256.

mari, sans qu'il soit besoin d'un jugement. (*Douaire soit coutumier ou préfix saisit sans qu'il soit besoing de le demander en jugement.*) Il y a d'autres coutumes où la femme n'entre en jouissance du douaire que du jour où elle en a fait la demande aux héritiers du mari. (*Femme ne peut demander aucun des fruits de son douaire, soit noble ou coutumier, sinon depuis la sommation qu'elle aura faicte aux héritiers qu'ils lui assoient ou baillent son douaire.*) Dans tous les cas, le douaire n'est jamais ouvert que par la mort naturelle du mari; de là le proverbe : *jamais mari ne paya douaire.* Mais, dans le cas de séparation de biens, d'absence, ou de mort civile du mari, on adjuge ordinairement à la femme, sur les biens de ce dernier, une pension qui s'élève quelquefois jusqu'à la moitié du douaire, et qui, pour cette raison, est appelée *mi-douaire.*

Le douaire coutumier est un droit réel qui ne se règle pas par la coutume du lieu où le contrat de mariage a été passé, ni par la coutume du domicile des deux conjoints, mais par celle du lieu où sont situés les immeubles assignés à titre de douaire. D'où il résulte que, quoique le mari et la femme aient leur domicile dans une coutume qui défend de donner un *douaire préfix* plus fort que le coutumier, cette prohibition est nulle lorsque le mari possède, dans d'autres coutumes, des biens suffisants pour payer le douaire préfix [1]. Si les conjoints voulaient que le douaire se transmît à leurs enfants, encore qu'ils fussent domiciliés dans une coutume prohibant cette transmission, il était

[1] Argou, Inst. au Droit franç., II, 155.

d'usage de s'en référer à la coutume de Paris qui la permet. De même, si la coutume qui défendait de stipuler un douaire préfixe plus fort que le coutumier, se trouvait justement célle de la situation des biens, les conjoints pouvaient encore stipuler qu'ils se soumettaient à la coutume de Paris, dérogeant à toutes coutumes contraires [1].

Si un homme a été marié plusieurs fois, le douaire coutumier des enfants du premier lit est de la moitié des immeubles possédés par le père au jour de son premier mariage, et de la moitié de ceux qui lui sont échus en lignedirecte pendant la durée de ce premier mariage. Le douaire des enfants du second lit se compose du quart de ces mêmes immeubles, en y joignant la moitié de la portion du mari dans les acquêts faits durant le premier mariage ; plus la moitié de tous les immeubles échus au mari, en ligne collatérale, depuis la célébration du premier mariage jusqu'au second ; plus la moitié de tous les acquêts par lui faits depuis la dissolution du premier mariage, et enfin la moitié de tout ce qui lui est échu par succession ou donation en ligne directe depuis la dissolution du premier mariage jusqu'à la dissolution du second. Le douaire des enfants issus des autres mariages subséquents est réglé d'après la même proportion [2]. Cependant, s'il n'existe point d'enfants du premier mariage, alors le douaire des enfants du second ne se compose plus seulement du quart, mais bien de la moitié de tous les immeubles

---

[1] Argou, Inst. au Droit franç., II, 154, 155. — [2] Ibid., 156, 157.

possédés par le mari, parce qu'alors le second mariage se trouve nanti de tous les droits du premier [1].

Si les immeubles dévolus à la femme à titre de douaire sont des fiefs, quelques coutumes portent qu'elle n'est point tenue de rendre au seigneur la foi et hommage, ni de payer aucun relief. D'autres statuent que la veuve doit contribuer au paiement du relief en proportion de la part qui lui a été assignée pour son douaire [2]. (*Quand le mari va de vie à trespas et la femme survit, elle doit par la première mutation contribuer aux devoirs dèus pour raison des seigneurs nobles pour la parta, que monte son douaire*). Suivant plusieurs autres [5], la part de relief due par la veuve n'est payable qu'après sa mort; de sorte que pendant sa vie le seigneur n'a aucune action à exercer ni contre-elle ni contre les héritiers du mari défunt. Le droit du seigneur n'est pas anéanti pour cela, il n'est que suspendu, et alors même que durant la vie de là douairière le fief passerait entre les mains de divers héritiers, lorsqu'elle sera décédée, le seigneur se fera payer de tous les reliefs échus [4].

La coutume de Paris [4] porte que si durant le mariage, les conjoints se font un don mutuel, la femme survivante prélévera d'abord sur la part du mari dans la communauté, la quotité de la donation qui lui a été faite, et prendra son douaire sur le surplus des biens de son mari, sans aucune diminution ni confusion.

---

[1] Argou, Inst. au Droit franç., II, 139. — [2] Poitou, art. 265. — [3] Bretagne, art. 69. — [4] Argou, II, 139. — [5] Paris, art. 257.

Quelques autres coutumes [1] présentent des dispositions contraires, et s'opposent à ce que la femme possède simultanément le douaire et la donation.

Dans les contumes où le douaire appartient de droit aux enfants, il est bien entendu qu'ils n'en jouissent qu'après le décès de leurs père et mère. Pour être capables d'acquérir le douaire, ils doivent alors renoncer à la succession du père [2], et faire le rapport de tout ce qu'ils ont reçu de lui par contrat de mariage ou autrement. De là le vieil axiome de droit : *On ne peut être héritier et douairier.* Le douaire se partage également entre tous les enfants (*En douaire n'y a droict d'aînesse* [3], et ceci a lieu même pour les fiefs, parce que le douaire est considéré non point comme un droit successif, mais comme une dette que le père a contractée envers ses enfants en se mariant. Lorsqu'il y a des enfants qui acceptent la succession du père, ou qui s'en tiennent aux donations ou aux legs qu'ils ont reçus, leur portion de douaire n'accroît point aux autres enfants douairiers [4]. Ce qui s'exprime communément en disant que le droit d'accroissement n'a point lieu en matière de douaire.

La communauté des biens [1], telle qu'elle est envisagée dans la plupart des coutumes, est une espèce de société entre le mari et la femme qui mettent en commun tous les biens meubles, et tous les immeubles

----

[1] Anjou, art. 510. — [2] Loisel, p. 63. — [3] Paris, art. 250. — [4] Senlis, art. 161, 176.

* Nous avons déjà traité ce sujet d'après le principe de l'ancien droit coutumier.

acquis durant le mariage. Plusieurs coutumes admettent la communauté de plein droit, encore qu'elle ne soit pas stipulée dans le contrat de mariage ; il y en a quelques-unes qui gardent le silence à ce sujet, et quelques autres en très petit nombre où elle est expressément prohibée [1]. Parmi celles qui admettent [2] la communauté, il y en a qui veulent qu'elle ait son effet du jour de la bénédiction nuptiale ; d'autres qu'elle ne commence qu'après an et jour à partir des noces [3]. Quoique la coutume admette la communauté, on peut néanmoins par une stipulation contraire se marier sous le régime de séparation de biens. On peut également stipuler que la femme n'aura que le tiers ou une autre portion de la communauté, ou encore ne l'admettre à la communauté que sous certaines conditions, par exemple, au cas qu'elle survive à son mari, ou qu'il y ait des enfants issus du mariage. Il faut observer qu'en général, quelle que soit la clause contenue dans le contrat, on ne peut plus y déroger par la suite, parce que cela entraînerait un avantage indirect en faveur de l'un des conjoints au détriment de l'autre

De même qu'on peut stipuler l'absence de communauté dans les coutumes qui l'admettent de plein droit, de même on peut se marier sous le régime de communauté dans les coutumes qui n'en parlent point ; c'est ce qui arrive souvent dans les pays de droit écrit. Mais si la coutume contient une prohibition expresse,

[1] Normandie, art. 550. — [2] Paris, 220, Maine, art. 508. — [3] Chartres, art. 61. Châteauneuf. art. 69. Poitou, art. 231. Troyes, art. 202. Sens, art. 281.

et si les deux conjoints ont leur domicile respectif dans son ressort, ils ne peuvent valablement stipuler la communauté [1]. Pour obvier à cette difficulté, il est d'usage d'insérer une clause portant soumission à la coutume de Paris, à l'exclusion de toutes coutumes contraires. Bien que le parlement de Rouen qui prohibe la communauté, se soit déclaré contre ce mode de procéder, le Châtelet de Paris n'en a pas moins confirmé les stipulations du contrat nonobstant la coutume de Normandie.

La communauté se compose de tous les biens meubles, c'est-à-dire de tous les effets mobiliers de quelque nature qu'ils soient, tels que meubles meublants, vaisselle d'argent, argent comptant, obligations, et toutes les actions mobilières, qu'elles aient appartenu à l'un des conjoints avant ou après la célébration du mariage. La communauté comprend encore tous les effets mobiliers qui peuvent échoir aux conjoints par succession en ligne directe ou collatérale [2]; avec les biens mobiliers tombent aussi dans la communauté, toutes les dettes mobilières contractées par chacun des conjoints avant le mariage; de sorte qu'immédiatement après la célébration, le mari se trouve personnellement obligé pour toutes les dettes mobilières de sa femme et peut être poursuivi par les créanciers. Font encore partie de la communauté, tous les biens immeubles acquis durant le mariage, et connus sous la dénomination de conquêts; on comprend sous ce

[1] Argou, II, 25. — [2] Paris, art. 221.

titre, non seulement les acquisitions faites à titre onéreux, mais encore celles faites à titre gratuit, comme donations ou legs, à moins toutefois que le donateur ou le testateur n'ait expressément stipulé que la chose donnée ne tomberait point dans la communauté [1]. Tous les fruits produits par les immeubles du mari et de la femme appartiennent également à la communauté, ainsi que les arrérages du douaire d'une veuve qui se remarie [2]. Par l'énumération des choses qui entrent dans la communauté, il est facile de concevoir celles qui n'y entrent pas: ce sont tous les immeubles propres ou acquis avant le mariage, tous les immeubles échus pendant le mariage par succession en ligne directe ou collatérale, tout ce qui est donné ou légué à la charge de demeurer propre, et tout ce qui est stipulé propre par le contrat de mariage [3]. Le mari, comme nous l'avons déjà dit plus haut, est le maître de la communauté [4], il peut disposer arbitrairement de la totalité par acte entre vifs, il ne peut disposer par testament que de la portion qui lui revient: il n'y a qu'un seul cas où la femme puisse s'obliger et obliger en même temps son mari et la communauté, c'est lorsqu'elle est marchande publique; car ici, le mari ne s'opposant pas au commerce fait par sa femme est présumé en accepter toutes les conséquences [5]. Mais il faut pour cela que la femme fasse un commerce séparé, et qu'elle ne se contente pas de vendre au nom de son mari [6].

[1] Argou, II, 50. — [2] Paris, art. 223. — [3] Argou, II, 30, 31. — [4] Paris, art. 221. — [5] Ibid., 234, 236. — [6] Ibid.

Nous avons dejà parlé de la faculté accordée à la femme de renoncer à la communauté ; les anciennes formalités qui consistaient à jeter une clef, une ceinture ou une bourse dans la tombe du défunt, ont été remplacées dans le nouveau droit coutumier par l'obligation imposée à la femme de faire un *bon et loyal inventaire* [1]. Il y a des coutumes qui veulent que la renonciation de la femme soit faite en jugement, en personne ou par procureur, *l'héritier appelé* : d'autres donnent à la femme pour renoncer un délai de quarante jours ; si la femme quitte la maison du mari aussitôt après son décès, cet acte est généralement regardé comme une preuve suffisante de renonciation [2] : afin que la femme renonçante ne perde pas ce qu'elle a apporté dans la communauté, on joint ordinairement au contrat, une clause portant qu'elle pourra reprendre francs et quittes tous les biens apportés par elle dans la communauté [3]. Si la femme vient à mourir avant d'avoir renoncé, le droit d'option passe à ses héritiers.

Après le décès d'un des conjoints, si le survivant ne fait point faire l'inventaire des biens de la communauté, cette communauté continue entre lui et tous les enfants mineurs issus du mariage [4]. Quelques auteurs se sont efforcés d'établir que cette communauté nouvelle était tout-à-fait distincte de l'ancienne [5], mais nous ne saurions partager cette opinion. En effet

[1] Paris, art. 257, 240. — [2] Argou, II, 43. — [3] Ibid., 62. — [4] Paris, art. 240. — [5] Laurière, Glossaire, I, 270

puisque pour détruire la communauté il faut un inventaire, du moment où cet inventaire n'a pas lieu, il est clair que ce n'est autre chose que l'ancienne communauté qui se continue. Si comme nous l'avons démontré, cette continuation de communauté n'était pas encore admise à Paris au treizième siècle [1], nous observons qu'il est très naturel que la communauté ne soit sortie que plus tard du cercle de l'association conjugale, et qu'on ne saurait en conclure que cette communauté continuée doive être envisagée sous un tout autre rapport que l'ancienne. L'inventaire doit être *fait et parfait* dans les trois mois qui suivent le décès de l'un des conjoints [2]; autrement la communauté se continue (*si bon semble aux enfants* [3]. Si l'époux survivant se remarie, la communauté se continue par tiers, c'est-à-dire que le mari et la femme ont chacun un tiers et les enfants l'autre tiers [4]. Si les deux nouveaux époux ont des enfants d'un autre mariage, la communauté se continue par quart; si chaque époux avait des enfants de deux lits, elle se continuerait dans la même proportion, c'est-à-dire que les enfants de chaque lit formeraient un chef distinct [5]. Si l'un des enfants vient à mourir sa part accroît à ses frères et sœurs [6].

Quelquefois le conjoint survivant, indépendamment de ses droits à la communauté, a droit à un préciput sur les biens qui en dépendent. La coutume de Paris n'accorde ce préciput qu'aux nobles [7]. Le sur-

[1] Chopin, Cout. de Paris, liv. II, t. 2, n. 13. — [2] Paris, art. 211. — [3] Ibid. — [4] Ibid, 242. — [5] Ibid. — [6] Ibid., 243. — [7] Ibid., 208.

vivant peut prélever à ce titre la totalité des meubles qui se trouvent hors de la ville et des faubourgs de Paris, toutefois ceci n'a lieu qu'au cas où il n'existe pas d'enfants, et si le survivant accepte ce préciput, il est tenu de toutes les dettes mobilières du défunt, ainsi que des frais funéraires. La coutume ajoute que ceci doit avoir lieu sans fraude. Cette disposition expresse a pour but d'empêcher que le survivant, pendant la maladie de son conjoint, ne transporte à la campagne des meubles précieux, pour les faire rentrer dans le préciput. Plusieurs autres coutumes[1] diffèrent de celle-ci en ce qu'elles accordent un préciput aux roturiers. Par suite on en est venu généralement à stipuler dans chaque contrat de mariage un préciput conventionnel, qui se compose d'une certaine somme, et dans ce cas le survivant n'est pas tenu de payer les dettes comme quand il s'agit du préciput coutumier. Là où il n'y a point de communauté stipulée comme dans les pays de droit écrit, là aussi il n'y a point de préciput; mais on a coutume de joindre à l'*augmentum dotis* une certaine somme pour les *bagues* et *joyaux* de la femme[2] ; c'est là ce qu'avec l'augment de dot on désigne généralement sous le nom de *gains de survie* : dans certains pays de droit écrit comme le *Lyonnais* et le *Beaujolois, ce droit des bagues et joyaux* est toujours admis sans qu'il soit besoin de stipulation particulière. Chez les *gens nobles ou vivant noblement,* il se compose du dixième de la dot, et du douzième

---

[1] Anjou, a. t. 235. — [2] Ibid., 155.

pour les classes inférieures. Dans les coutumes ou ce droit est l'objet d'une convention entre les parties, sa quotité est réglée par le contrat de mariage. Quelquefois aussi le contrat fixe l'habitation de la femme au cas où elle deviendrait veuve. Elle peut à volonté profiter de l'habitation ou toucher le prix du loyer. Le droit d'habitation s'éteint du jour où elle convole en secondes noces, parce qu'alors elle est tenue de suivre son second mari [1].

Quoique la plupart des coutumes défendent au mari et à la femme de s'avantager directement ou indirectement pendant le mariage, elles leur permettent presque toutes de se faire un don mutuel; pourvu qu'il n'y ait point d'enfants ni de ce mariage ni d'autres précédents. La première condition requise pour la validité du don mutuel, c'est qu'au moment où il est fait, les conjoints soient en parfaite santé [2]; car si l'un d'eux était malade, il y aurait dans les chances de survie une inégalité qui entraînerait la nullité du don mutuel. Quelques coutumes [3] sont si rigides sur cette condition d'égalité, qu'elles exigent que les époux soient du même âge, ou qu'il n'y ait pas plus de dix ans de différence; la seconde condition, qui porte sur l'absence d'enfants, s'applique non-seulement aux enfants du premier décédé, mais encore à ceux du survivant. Il y a cependant quelques coutumes [4] qui admettent le don mutuel, alors même qu'il y aurait des enfants; seulement, le survivant est tenu de fournir aux besoins

Argou, II, 157. — [2] Paris, art. 280. — [3] Nivernois, ch. 25, art. 27. — [4] Bretagne, art. 210, 211, 213.

des enfants du donateur, au cas où ils se trouveraient sans ressources. La troisième condition est que le don mutuel constitué par chacune des parties soit le même, et la coutume de Paris [1] ainsi que plusieurs autres ne permettent de disposer par don mutuel que des meubles et conquêts immeubles de la communauté. Il y a quelques coutumes dans lesquelles les conjoints peuvent encore se donner l'usufruit de tous leurs propres [2], mais le principe d'égalité n'en est pas moins maintenu ; de telle sorte que si le conjoint décédé a plus de propres que le survivant, ce dernier ne peut en jouir que jusqu'à concurrence de ceux qu'il possède lui-même. Les coutumes varient beaucoup sur la question de savoir si le don mutuel se compose de l'usufruit ou de la pleine-propriété. La coutume de Paris ne l'admet qu'en usufruit ; d'autres [3] permettent de donner la propriété des meubles et l'usufruit des immeubles ; et enfin quelques-unes [4] la pleine propriété des meubles et des conquêts, s'il n'y a pas d'enfants ; dans le cas contraire, l'usufruit seulement. Dans les coutumes où le don mutuel ne consiste qu'en usufruit [5], le survivant doit faire dresser un inventaire, afin que les héritiers du prédécédé ne puissent être lésés dans leur droit de propriété. Dans quelques coutumes, le survivant se trouve de droit saisi du don mutuel ; dans d'autres [6], il doit en demander la délivrance aux héritiers du prédécédé ; de là la maxime (*don mutuel ne*

---

[1] Art. 280. — [2] Loudunois, t. VIII, art. 5. Montargis, ch. 21, art. 4. — [3] Vitry, art. 113. — [4] Blois, art 167. — [5] Rheims, art. 234. — [6] Par s, art. 284, 285.

saisit point). Le donataire mutuel est tenu de payer les frais funéraires, et toutes les dettes de la communauté ; mais ses héritiers, en rendant compte du don mutuel aux héritiers du donateur, ont droit d'exiger le remboursement de la moitié de la somme employée à l'acquittement de ces dettes [1]. Quelques coutumes [2] prohibent expressément le don mutuel, mais elles sont très rares, et sont contraires à l'esprit général du droit coutumier.

Nous avons déjà parlé plus haut de l'autorité du mari pendant le mariage, il nous reste à dire quelques mots sur les droits de la femme. Parmi toutes les coutumes de France, il n'y en a qu'une seule, et elle appartient au pays de droit écrit [3], qui porte qu'après le décès toute obligation consentie par la femme non autorisée est valable, et doit être exécutée sur ses biens ; mais généralement la femme même séparée de biens n'a pas une liberté indéfinie de s'obliger, elle ne peut aliéner ni hypothéquer ses immeubles sans l'autorisation de son mari. Il n'y a qu'un petit nombre de coutumes, celle de *Montargis* [4] par exemple, qui accorde à la femme séparée la libre disposition de ses biens, comme si elle n'était pas mariée. Plus les coutumes se rapprochent des pays de droit écrit, comme par exemple en *Auvergne* [5], plus les attributions de la femme s'étendent, et dans tous les parlements de ces pays de droit écrit, elle peut librement disposer de ses

---

[1] Ibid., 286. — [2] Chauny, art. 14. — [3] Bayonne, t. IX, art. 52. — [4] Ch. 8, art. 9. — [5] Auvergne, ch. 14, art. 9.

biens paraphernaux [1]. Elle peut aussi sans l'assistance de son mari, être poursuivie au criminel [2], mais elle ne saurait jouer le rôle de demanderesse sans cette autorisation ; et si elle est condamnée à quelque amende, le paiement ne pourra être exigé qu'après la dissolution de la communauté. Il y a néanmoins quelques coutumes qui s'écartent de ces principes [3].

Pour ce qui concerne la puissance paternelle, la ligne de démarcation entre le pays de droit écrit et ceux de droit coutumier, est encore plus nettement tranchée que dans la doctrine relative au mariage, ou l'*augment de dot* se rapproche beaucoup du douaire, et où l'administration des biens est également confiée au mari dans l'un et l'autre pays; tandis que dans les pays de droit écrit, le fils de famille, même après sa majorité, reste sous la puissance paternelle et ne saurait être émancipé même par le mariage [4], et que les traditions du droit romain sont scrupuleusement conservées; le droit coutumier n'accorde au père sur son fils d'autre puissance que celle d'un tuteur sur son pupille [5]. La puissance paternelle, envisagée du point de vue de l'affection paternelle, n'est guère autre chose que la protection nécessaire à l'enfant; aussi le père n'a-t-il l'administration des biens de ses enfants que jusqu'à l'âge où ces derniers sont capables de s'en charger eux-

[1] Choris sur Guypape, p. 229, n. 5 — [2] Poitou, art. 226.— [3] Montargis, ch. 2, art. 7. — [4] L'émancipation par mariage a cependant lieu dans les pays de droit écrit qui sont du ressort du Parlement de Paris, comme le Lyonnais, le Forez, le Beaujolais et une partie de l'Auvergne.— [5] Argou, I, 26.

mêmes, mais il n'a pas l'usufruit de ces mêmes biens, et la *garde noble* ou *bourgeoise* lui est déférée en commun avec la mère. Dans quelques pays coutumiers plus rapprochés des pays de droit écrit, comme l'Auvergne, le Bourbonnais, le Berry, les pères ont sur leurs enfants non émancipés la même puissance qu'en droit romain, mais elle ne dure que jusqu'à un certain âge, et en Bourgogne par exemple, elle cesse du moment où les enfants ont quitté la maison paternelle, pour s'établir à part. Les enfants légitimes seuls sont sous la puissance paternelle, les bâtards et les enfants adoptifs n'y sont point ; les bâtards, parce qu'ils ne jouissent d'aucun des droits de famille, et les enfants adoptifs, parce que l'adoption cessa de bonne heure d'être en usage en France.

Dans le droit coutumier postérieur disparaissent les distinctions précédemment établies entre la *garde* et la *baillie*. La *garde baillie* ou *mainbournie* est une faculté accordée par la plupart des coutumes aux pères, mères, ascendants et autres personnes, de jouir de la totalité ou d'une partie des biens des mineurs, et de profiter des fruits sans en rendre compte. Presque toutes les coutumes, à l'exception de celles de Normandie et d'Amiens, concordent avec la coutume de Paris sur les points principaux. Cette dernière admet deux sortes de *gardes*, la *garde noble* et la *garde bourgeoise*, elles ont plusieurs points communs et présentent plusieurs différences ; toutes deux doivent être demandées au juge à l'audience [1]. Dans l'une et l'autre, le gardien

---

[1] Paris, art. 69.

profite des fruits des immeubles possédés par le mineur au jour de l'ouverture de la garde, et cela sans être tenu d'en rendre compte [1]; mais aussi il est obligé, comme nous l'avons déjà remarqué dans l'ancien droit, de payer les dettes mobilières du mineur, et d'acquitter les charges foncières des héritages [2], de les entretenir en bon état, et de fournir aux besoins du mineur. Dans la garde noble comme dans la garde bourgeoise, outre le gardien, le mineur doit encore avoir un tuteur [3], pour agir dans toutes les affaires qui ne concernent ni les meubles ni les fruits des immeubles ; mais le gardien peut lui-même être nommé tuteur. L'une et l'autre garde finissent quand le gardien ou la gardienne se remarient, ou négligent l'administration des biens du mineur [4]. Voici maintenant ce qui a trait aux différences entre les deux gardes. La garde noble est déférée au père ou à la mère, et à leur défaut à l'aïeul ou l'aïeule [5]. L'aïeul paternel est toujours préféré à l'aïeul maternel, et le gardien noble n'est pas obligé de donner caution. D'après la coutume de Paris [6], la garde bourgeoise n'est donnée qu'aux seuls bourgeois de Paris, et non point à ceux des autres villes, encore qu'ils vivent sous la même coutume : c'est un privilége concédé aux Parisiens par les anciens rois, et confirmé par lettres-patentes de *Charles V*, du 9 août 1371, et de *Charles VI*, du 5 août 1390. La garde bourgeoise n'est déférée qu'aux père et mère, et non point aux ascendants [7] : elle finit à quatorze ans pour

---

[1] Paris, art. 267. — [2] Ibid. — [3] Ibid., 270. — [4] Ibid., 168. — [5] Ibid, 265 268. — [6] Ibid, 267. — [7] Ibid, 266, 268, 269.

les mâles, et à douze ans pour les filles, et le gardien
est obligé de donner caution ; quelques coutumes diffèrent de celle de Paris : la coutume de Mantes [1] exclut
la garde bourgeoise, et n'admet que la garde noble ;
celle de Clermont [2] n'accorde la garde aux roturiers
que pour les fiefs nobles seulement. Quelques coutumes [3] admettent les deux gardes, mais ne donnent la
propriété des meubles qu'au gardien noble, et non
point au gardien bourgeois. La coutume de Normandie [4] est la seule qui envisage la garde sous un point de
vue entièrement opposé : elle n'accorde la garde des mineurs ni aux père et mère ni aux ascendants, mais bien
aux seigneurs des fiefs possédés par le mineur, de telle
sorte qu'il peut y avoir autant de *gardiens* qu'il y a de
suzerains du mineur; s'il y a quelque fief dans la mouvance immédiate du roi, ce dernier a la garde de préférence à tous autres (*parce que la garde royale attire
toutes les autres*). En thèse générale, le roi ne jouit
point des fruits du fief confié à sa garde, il les conserve au mineur, et ne se réserve que le droit de présenter aux bénéfices dont le patronage est attaché au
fief. Le même droit appartenait jadis aux ducs de Bretagne, relativement à leurs vassaux, mais il s'est trans-
formé en un simple rachat payé par le mineur. La
coutume d'Amiens [5] a adopté un terme moyen entre
celle de Paris et celle de Normandie; elle donne la
garde aux père et mère du mineur, mais elle ne leur

---

[1] Paris, art. 278. — [2] Ibid., 176. — [3] Touraine, art. 540. — [4] Ibid.,
213, 214 et suiv. — [5] Ibid. 152.

accorde que la jouissance des revenus des fiefs, et non celle des autres biens.

Les dispositions relatives aux tuteurs, qu'il ne faut point confondre avec les gardiens , sont généralement d'importation romaine , dans les pays de droit écrit, c'est-à-dire qu'il y a aussi trois espèces de tutelles , la tutelle testamentaire , la tutelle légitime, et la tutelle dative. Dans les pays de droit coutumier , toutes les tutelles sont datives , c'est-à-dire que tous les tuteurs sont nommés par le juge du lieu où le père des mineurs avait son dernier domicile; néanmoins l'option testamentaire du père ne laisse pas que d'exercer une certaine influence sur le choix du juge , et en tout état de choses le père et la mère sont généralement préférés à tous autres [1]. Dans la plupart des coutumes , les tuteurs ne sont point obligés de donner caution, et les parents qui ont donné leur avis, aussi bien que le juge qui a nommé le tuteur, ne sont point responsables de son administration. Il y a néanmoins quelques coutumes [2] qui , dérogeant à ces principes, établissent la responsabilité des juges , et exigent une caution de la part des tuteurs. Dans les pays coutumiers , quand il s'agit de nommer un tuteur au mineur, les parents s'assemblent en nombre égal du côté paternel et maternel si cela est possible : quelques coutumes règlent le nombre, d'autres le laissent à l'arbitre du juge. A défaut de parents, on prend l'avis des voisins et des

[1] Argou, I, 51.— [2] Bretagne, art. 481, 502, 503. Normandie, règlement du 7 mars 1673.

amis, toutefois le juge n'est pas lié par cet avis ; il peut
très bien rejeter le tuteur proposé, et en nommer un
autre à sa place. En Normandie, les tuteurs ont le
droit de prélever le dixième des revenus des mineurs,
à titre d'indemnité, pour les faux frais et les peines que
leur impose leur charge. Dans les maisons princières
on établit ordinairement un conseil de tutelle, auquel
le tuteur est tenu de rendre compte de sa gestion. La
plupart des coutumes diffèrent sur la question de savoir quand finit la tutelle. Suivant les unes, la tutelle
finit quand le mineur a atteint l'âge de vingt ans ; suivant les au tre, notamment la coutume de Paris, elle
se prolonge jusqu'à vingt-cinq ans.

Dans la doctrine des successions, les pa ys de droit écrit
diffèrent essentiellement des pays coutumiers. En droit
écrit, la succession des descendants est réglée d'après
les principes du droit romain, c'est-à-dire qu'on y
admet la représentation, la division par souches, et
l'égalité entre tous les héritiers au même degré sans
distinction de sexe. Les dispositions des coutumes ne
sont point conformes à celles-ci ; la plupart accordent
aux aînés des avantages notables, dont nous parlerons
plus bas, d'autres excluent les filles de la succession,
et se contentent de leur accorder ce qu'on appelle un
mariage avenant [1]. Quelques-unes veulent que quand
il n'y a que des descendants au deuxième degré, ces
derniers succèdent par têtes et non par souches [2] ; il en
est enfin qui prohibent expressément la représenta-

---

[1] Normandie, art. 249. — [2] Sens, tit 9, art. 18.

tion, et qui donnent tout aux enfants vivants lors du décès du père, à l'exclusion des enfants du fils prédécédé [1]; mais pour adoucir autant que possible ce qu'il y avait d'odieux dans ces prescriptions, on a introduit le *rappel*, c'est-à-dire qu'il est permis au testateur de rapprocher, d'un degré, ceux de ses descendants qui ne sont pas aptes à lui succéder, et de les *rappeler* ainsi à sa succession. Le *rappel* a pour conséquence d'attribuer au rappelé les mêmes droits que s'il arrivait à la succession par voie de représentation, et en même temps de profiter à tous les parents au même degré que l'héritier rappelé, encore qu'ils n'aient pas été personnellement compris dans l'acte de rappel [2].

Le droit d'aînesse est un privilége inhérent à la transmission des fiefs. Ce droit est si intimement lié à la personne du fils aîné, que si ce dernier renonce à la succession paternelle, le fils cadet ne saurait prétendre à aucune espèce de préciput [3]. Ce droit n'appartient jamais aux filles, à moins qu'il ne leur soit expressément concédé par la coutume; de même le père ne peut l'enlever à son fils aîné, ni le diminuer par aucune disposition testamentaire, par la raison que ce droit ne dérive pas de lui; mais de la coutume. Les père et mère, en acquérant un fief, ne peuvent stipuler qu'il sera partagé comme bien de roture, à moins toutefois que ce fief ne leur eût été donné par un tiers [4]; dans ce cas, ils peuvent intervertir l'ordre de succession, en

[1] Boulonais, art. 77. — [2] Argou, I, 440. — [3] Dumoulin, sur la Coutume de Paris, art. 8, n. 30. — [4] Brodeau, sur la Coutume de Paris, art. 15.

appelant les puinés de préférence à l'aîné, ils peuvent même en priver entièrement l'aîné. Le droit d'aînesse ne peut reposer que sur une seule tête, de sorte que s'il y avait deux jumeaux, et qu'il fût impossible de résoudre la question de primogéniture, on tirerait au sort pour savoir celui à qui appartiendrait le droit d'aînesse.

Encore que nous ne puissions spécifier ici les dispositions diverses des coutumes, relativement au droit d'aînesse, nous croyons devoir mentionner les différences les plus importantes. Quelques-unes n'accordent le droit d'aînesse qu'aux mâles exclusivement, d'autres l'accordent à l'aînée des filles à défaut des mâles; il en est qui ne l'admettent que dans la succession des fiefs, il en est qui l'accordent pour toute espèce de biens. Plusieurs établissent à ce sujet une différence entre les nobles et les roturiers; enfin, un petit nombre admettent les filles de l'aîné à représenter leur père.

Pour établir nettement les divergences les plus notables sur cette matière, il nous suffira de parcourir la coutume de Paris, qui a servi de point de départ et de modèle à presque toutes les autres. D'après cette coutume [1], aux mâles seuls appartient le droit d'aînesse, et ce droit n'est admis que dans la succession aux fiefs; il s'accorde aux roturiers aussi bien qu'aux nobles; et les enfants de l'aîné, mâles ou filles, sont appelés à représenter leur père prédécédé. A l'ouverture de toute succession paternelle ou maternelle, l'aîné prend le

[1] Paris, art. 19.

principal manoir avec la basse-cour et un arpent d'enclos[1]. S'il n'y a point de manoir[2], mais seulement des terres labourables dans la mouvance d'un fief, l'aîné prélève à titre de préciput, et à son choix, un arpent de terre[3]. Cet arpent de terre est ordinairement désigné, comme nous l'avons déjà dit, sous le nom de *vol du chapon*. Si, dans l'enclos du préciput de l'aîné, se trouve un moulin ou un four, le corps de la chose appartient à l'aîné, qu'il y ait ou non des droits de bannalité[4]; seulement les revenus du fief doivent être partagés entre les héritiers. Outre le manoir et le *vol du chapon*, lorsqu'il n'y a que deux enfants venant à la succession, l'aîné a les deux tiers de tous les fiefs, et la moitié si le nombre des enfants s'élève à plus de deux[5]. Les biens dits *franc aleu noble* sont, sous ce rapport, complètement assimilés aux fiefs; et on désigne ordinairement sous ce nom le bien *auquel il y a justice*, ou *qui a quelque fief mouvant de lui*. Si ces deux conditions manquent, c'est un *franc aleu* roturier qui se partage également entre tous les enfants[6]. La coutume de Paris permet de diminuer le droit d'aînesse en un seul cas[7] : c'est celui où toute la succession ne se compose que d'un manoir et d'un arpent de terre; alors le tout appartient à la vérité à l'aîné, mais à la charge de fournir à ses frères et sœurs leur légitime, ou le douaire coutumier ou préfix.

Plusieurs coutumes diffèrent de celle de Paris. Il y

---

[1] Paris, art. 324. — [2] Senlis, art. 129. Valois, art. 37. Montargis, ch. 1, art. 114. — [3] Paris, art. 18. — [4] Ibid., 14. — [5] Ibid., 15, 16. — [6] Ibid., 68. — [7] Ibid., 17.

en a[1] qui n'accordent à l'aîné que le principal manoir et le *vol du chapon.* S'il existe plusieurs fiefs mouvants du principal manoir, il choisit tel de ces fiefs que bon lui semble, et il a de plus un arpent de chaque nature de terre. D'après ces coutumes, les mâles prennent deux fois plus que les filles, qui ne représentent leur père qu'au droit qu'il avait comme mâle, et non point au droit d'aînesse. Suivant d'autres coutumes[2], l'aîné n'a que le principal manoir et le *vol du chapon,* sans aucun autre avantage quant au surplus des fiefs ; il n'a droit qu'à un seul préciput dans les deux successions paternelle et maternelle, seulement il peut le prélever à son choix dans l'une ou l'autre. Certaines coutumes[3] accordent le droit d'aînesse aux filles à défaut de mâles ; quelques-unes[4], dans les successions nobles, donnent à l'aîné, outre le préciput déjà désigné, tous les meubles et effets mobiliers, à la charge de payer les dettes mobilières. Des avantages semblables sont accordés aux aînés dans les coutumes de Bretagne, d'Anjou et de Touraine. En ligne collatérale, les coutumes n'admettent généralement aucun droit d'aînesse ; seulement les mâles sont préférés aux filles à égalité de degré[5]. Plusieurs prohibent le partage des successions collatérales, et la totalité des fiefs est dévolue à l'aîné des mâles, ou à défaut de mâles, à l'aînée des filles[6].

S'il n'existe pas de descendants, la succession est déférée aux ascendants : cette matière est diversement

[1] Troyes, art. 14. — [2] Auxerre, art. 53, 54, 55. — [3] Chauny, art. 70, 71. — [4] Grand Perche, art. 117, 136, 146. — [5] Paris, art. 522, 525, 526. — [6] Amiens, art. 84.

traitée dans les coutumes. La plupart, à l'exemple de celle de Paris[1], accordent aux ascendants la faculté de partager par têtes les meubles et acquêts de la succession. Les frères et sœurs ne sont point appelés concurremment avec les ascendants comme dans la Novelle 118. Quant à la succession des propres, presque toutes les coutumes ne la défèrent point aux ascendants, de là la maxime : *Propre héritage ne remonte pas*; cependant cette expression est trop étendue, car les ascendants succèdent aux propres qui dérivent d'eux[2]. Si l'aïeul, par exemple, a donné un immeuble à son petit fils, la succession est dévolue au père, à moins que l'aïeul donateur ne s rvive ; il s'agit ici d'une succession ordinaire et non point d'une succession par voie de *retour* ou de *reversion*; comme cela se pratique dans certains pays de droit écrit, où les ascendants donateurs rentrent de droit dans la propriété de la chose donnée, si leurs enfants donataires décèdent sans postérité. Dans certaines coutumes les ascendants ne succèdent qu'aux meubles, et à l'usufruit des immeubles[3] ; quelques-unes les admettent à partager les meubles et les acquêts avec les frères et sœurs germains ou leurs enfants[4] ; d'autres appellent de préférence à la succession mobilière les ascendants du côté paternel[5]. Il y en a qui n'accordent la succession mobilière des enfants qu'aux père et mère, et à leur défaut aux collatéraux[6].

La succession collatérale est envisagée communé-

---

[1] Paris, art. 311. — [2] Ibid., 313. Richard, sur Paris, art. 312. — [3] Anjou, art. 270. — [4] Bourbonais, 314. — [5] Normandie, art. 509, 510, 312. — [6] Le Maine, art. 288.

ment dans les pays de droit écrit d'après les principes du droit romain, néanmoins dans certains cas se
rencontrent quelques modifications. A Toulouse il y a
un mode de division spécial, adopté entre les frères
consanguins et les frères utérins, les biens paternels
sont dévolus aux consanguins : et les biens maternels
aux utérins [1]. Cette différence établie entre les biens,
est d'origine germanique et se trouve importée dans
le droit romain.

Cette jurisprudence n'est point celle des coutumes.
Quelques-unes rejettent complètement la représentation en ligne collatérale [2]; d'autres l'admettent à l'infini, tant que la parenté peut se prouver [3]; d'autres
admettent la représentation pour les immeubles, et
la rejettent à l'égard des immeubles qu'elles accordent toujours au plus proche [4]. Il y en a qui préfèrent les frères germains aux consanguins et aux utérins [5]; d'autres appellent le frère avant la sœur, les
fils du frère avant les frères de la sœur, et quand les
enfants d'un frère concourent avec une tante, elles as-
surent aux premiers les immeubles, et les meubles à
la tante [6]. Quelques-unes préfèrent toujours les mâles
aux filles à égal degré dans la succession des immeubles en ligne collatérale. Il en est enfin dans lesquelles
les meubles et acquêts du défunt se divisent en deux
moitiés, dont l'une est dévolue à la ligne paternelle et
l'autre à la ligne maternelle. Du reste, le rapport n'a

---

[1] Maynard, liv. 6, c. 90. Cambolas, liv. 5, p. 45. — [2] Boulonais,
art. 48. — [3] Anjou, art. 225. — [4] Nivernais, c. 34, art. 15.— [5] Bourbonnais, art. 317.— [6] Nivernais, c. 34. art. 14.

jamais lieu dans les successions collatérales, à moins cependant que la coutume ne l'ordonne expressément.

Quant à la succession des propres, elle est particulière au droit coutumier et entièrement inconnue dans tous les pays de droit écrit. Son institution a pour but le maintien des biens dans les familles. Ce ne sont pas toujours les plus proches parents du défunt qui succèdent aux propres ; la règle est, que les parents de la ligne de laquelle dérivent les propres soient appelés de préférence aux parents de l'autre ligne sans avoir égard à la proximité de degré ; ainsi un cousin au dixième degré du côté paternel sera préféré dans la succession des propres paternels à un frère utérin. Dans ce genre de succession, on suit la maxime, *paterna paternis, materna maternis*. Toutefois les coutumes présentent à ce sujet des dispositions différentes ; l'on peut les réduire à trois principales ; les *coutumes souchères*, les *coutumes d'estoc et ligne* et les *coutumes* de simple côté.

Les coutumes souchères sont celles où pour succéder à un propre, il faut nécessairement être issu du premier acquéreur [1], à défaut de tels héritiers, le propre est considéré comme un *acquêt*, et partagé entre les plus proches parents. Les coutumes d'estoc et ligne [2], n'exigent pas cette condition ; elles accordent le propre, au plus proche parent du côté et ligne de l'acquéreur. La plupart des coutumes sont de cette na-

---

[1] Mante, art. 167. — [2] Paris, art. 326, 329, 330.

ture ; on ne rencontre qu'un petit nombre de coutumes souchères, et celles de la troisième espèce sont encore plus rares. Ces dernières sont celles qui ne renferment aucune disposition particulière pour la succession des propres, et qui se rattachent plus ou moins sur cette matière à l'esprit général du droit coutumier.

Après avoir établi les principes généraux du droit sur cette matière, nous allons passer en revue les dispositions de diverses coutumes. La coutume de Paris [1] fait une distinction entre les *propres naissants* et les anciens *propres*. Les propres naissants, sont les acquêts faits par le père ou la mère, qui postérieurement deviennent propres en la personne du fils, soit immédiatement, soit par l'organe de ses frères et sœurs. Au décès du fils ce ne sont pas toujours les plus proches de la ligne qui succèdent au propre naissant, il y a des arrêts du parlement qui décident que le neveu du défunt petit-fils de l'acquéreur doit être préféré à l'oncle du défunt qui n'était que frère de l'acquéreur ; mais à l'égard des anciens propres, l'hérédité est toujours dévolue au plus proche parent du côté de l'acquéreur. Il y a des coutumes, dans lesquelles tant qu'il existe des mâles, ou descendants des mâles, les filles se trouvent exclues ; il y en a où à défaut de parents du côté de l'acquéreur, le seigneur succède au propre à l'exclusion des parents de l'autre ligne [2]. Dans quelques-unes, les acquêts du défunt sont

____

[1] Paris, art. 326, 329, 330. — [2] Normandie, art. 248.

considérés comme propres paternels, à moins qu'ils
ne lui soient échus par donation en collatérale, auquel cas ils suivent la ligne du donateur [1]. Dans d'autres, les héritages tenus en roture ne sont point réputés propres, et se partagent comme acquêts [2]; il y en a où les propres ne remontent point en ligne collatérale, tant qu'il y a des descendants dans la même ligne [3], ainsi les descendants du frère du défunt excluent l'oncle; cette faveur n'a cependant pas lieu, quand il s'agit de cousins-germains ou issus de germains. Dans la succession des propres le double lien est généralement sans importance, excepté dans un petit nombre de coutumes.

Le Droit Romain adjuge au fisc les biens vacants; en droit coutumier, ils sont déférés au seigneur haut justicier, en vertu des prérogatives dont il jouit dans l'étendue de son territoire; ce droit sur les successions vacantes est ce qu'on appelle *droit de déshérence*. Chaque seigneur prend ce qui est située sur ses terres, encore que le défunt ait vécu dans un autre lieu; car il s'agit ici bien plutôt d'un droit sur la chose que sur la personne. En thèse générale, le seigneur n'est appelé que quand il n'y a ni parents, ni mari ni femme survivants. Toutefois il y a des coutumes qui renferment, à ce sujet, des dispositions contraires. Les unes préfèrent le seigneur haut-justicier, au mari ou à la femme, mais non point aux parents [4]; les autres à

---

[1] Auvergne, c. 12 art 68. — [2] Bapaume, t. 2, art. 10. — [3] Nivernais, t. 34, art. 8. — [4] Bourbonais, art. 528.

défaut de parents dans la ligne des biens, préfèrent le seigneur aux parents de l'autre ligne [1] ; ces coutumes sont à juste titre regardées comme odieuses par la plupart des commentateurs. A cette doctrine sur les biens vacants se rattache assez naturellement la doctrine sur le droit d'aubaine que nous allons exposer ici. D'après le droit coutumier, il y a en France deux sortes d'étrangers, les étrangers naturalisés et ceux qui ne le sont point ; les étrangers naturalisés sont ceux à qui le roi a accordé par lettres patentes tous les droits et priviléges des citoyens français. Les lettres de naturalisation sont scellées du grand *sceau*, en cire verte, avec des lacets de soie et doivent être enregistrées à la chambre des comptes. Quant à l'effet de ces lettres, nous n'avons pas à nous en occuper, puisqu'il donne aux étrangers les mêmes droits qu'aux sujets naturels du royaume. Les étrangers non naturalisés sont appelés *Aubains* ; leur position est semblable sur plusieurs points à celle des premiers, et en diffère sur plusieurs autres : ils peuvent passer toute sorte de contrats entre-vifs, posséder des immeubles et les vendre, faire et accepter des donations entre-vifs et même des donations mutuelles. A côté de ces droits se rencontrent à leur égard une foule de restrictions et de prohibitions; ainsi par exemple, ils ne peuvent ni hériter ni faire de testament. La succession des aubains appartient au roi ; postérieurement on a admis de préférence les enfants, au cas où ils habiteraient le

[1] Anjou, 268.

pays[1]. Le seigneur haut justicier n'a aucun droit sur l'héritage de l'aubain, nonobstant toutes les coutumes contraires qui ne sont fondées que sur l'usurpation des seigneurs [2]. Il faut en excepter le *Hainaut français*, où de temps immémorial la coutume accorde le droit d'aubaine au seigneur haut justicier. Ne sont pas sujets au droit d'aubaine les ambassadeurs et les marchands étrangers, qui font le commerce en France et viennent à y décéder. Il est d'usage que le roi emploie en donations l'héritage de l'aubain [3].

Pour ce qui concerne le partage de la succession et l'obligation du rapport, la coutume de Paris est, en général, conforme au droit commun [4]. Les enfants sont tenus de rapporter tout ce qu'ils ont reçu de leurs père et mère, à moins toutefois qu'ils ne déclarent s'en tenir à ce qui leur a été donné et renoncer à la succession [5]. De plus, toutes les coutumes connues sous le nom de coutumes d'égalité, exigent le rapport non-seulement en ligne directe, mais encore en ligne collatérale ; et même dans ces coutumes la renonciation à la succession ne saurait dispenser du rapport, qui du reste ne peut être exigé qu'à la requête des cohéritiers. Les créanciers du défunt ne sont point reçus à forcer au rapport l'héritier donataire ; le fils doit rapporter à la succession de son père ou de sa mère, tout ce qu'il en a reçu soit en argent, soit en immeubles, ou autres effets [6]. Le petit-

---

[1] Argou, I, 86. — [2] Ibid., II, 87. — [3] Ibid., 88. — [4] Paris, art. 304, 307. — [5] Ibid., 307. — [6] Ibid., 304.

fils qui vient par représentation à la succession de l'aïeul, est tenu au rapport de tout ce que ce dernier a donné à ses père et mère, alors même qu'il aurait renoncé à leur succession [1]. C'est ici le cas d'observer que si, en pays de droit coutumier, un père et une mère ont marié conjointement leurs enfants, en leur faisant des avantages, et si la participation de la mère se trouve mentionnée au contrat, elle est censée avoir donné la moitié, de sorte qu'à l'ouverture de la succession du premier décédé, l'enfant donataire n'est tenu de rapporter que la moitié de ce qu'il a reçu [2]. Mais s'il n'est pas fait mention de la mère au contrat, ou si elle a renoncé à la communauté, alors tout ce qui a été donné est censé pris sur la succession du père, et c'est à cette même succession que l'enfant doit faire le rapport. Le partage peut être fait à l'amiable entre les cohéritiers; le plus souvent, il a lieu par devant notaires. Il y a cependant des coutumes, comme celles de Nivernais, Anjou, etc., où le cohéritier qui demande le partage fait lui-même les lots, et les autres cohéritiers choisissent, ou encore comme dans les assises de Jérusalem, l'aîné procède à la formation des lots, et les plus jeunes ont le choix, ou réciproquement. Quelques coutumes comme celles de Cambrai, Bourgogne, Tournay, permettent aux père et mère de faire d'avance le partage de leurs biens, soit par testament, soit par acte entre-vifs, et les enfants sont tenus de s'en référer à ces dispositions. La plupart des coutu-

[1] Paris, art. 388. — [2] Argou, I, 498.

mes, à l'exemple de celle de Paris [1], veulent que les dettes de la succession soient payées par chacun des co-héritiers en proportion de son émolument. Les donataires et légataires universels contribuent aux dettes dans la même proportion [2]. Il y a même un cas où les légataires à titre particulier sont aussi tenus de contribuer aux dettes [3] ; c'est celui où le testateur a absorbé en legs le tiers de ses propres et tous ses meubles et acquêts ; alors les co-héritiers ont le droit de forcer les légataires à titre particulier de payer leur part de dettes. Il y a des coutumes où ceux qui prennent les meubles sont tenus de payer les dettes mobilières [4] ; d'autres qui chargent les acquêts aussi bien que les meubles de l'acquittement des dettes mobilières [5] ; d'autres veulent que les héritiers du côté paternel paient les dettes contractées par le père, et ceux du côté maternel, les dettes provenant de la mère [6].

De l'hérédité *ab intestat* nous passons à cette partie du droit de succession qui a pour base le testament. Ici se présente tout d'abord une différence notable entre les pays de droit écrit et les pays de droit coutumier. Dans les premiers, conformément aux principes du **Droit Romain**, le testateur peut sans difficulté instituer un héritier qui se trouve dès lors saisi du passif et de l'actif de la succession ; en droit coutumier, au contraire, cette faculté de choisir un héritier à son gré est refusée au testateur en vertu de la maxime :

[1] Art, 314. — [2] Paris, art. 343. — [3] Ibid., 265. — [4] Mante, art. 71. [5] Senlis, art. 142. — [6] Auvergne, XII, art. 17. La Marche, art. 234 et suiv.

Institution d'héritier n'a lieu. Ainsi, le testament se trouve dépouillé de son principal attribut; et comme on l'a observé à juste titre, il n'a plus rien qui le distingue du codicile. Il nous reste maintenant à voir quelles personnes peuvent faire un testament ou un codicile, et quelle est la quantité et la qualité de biens dont peut disposer le testateur.

Les coutumes s'accordent peu sur la question de savoir à quel âge il est permis de tester. Suivant les unes il faut avoir vingt ans accomplis pour disposer de ses meubles et de ses acquêts, et vingt-cinq ans pour disposer de ses propres [1]. Au cas où l'on n'aurait ni meubles ni acquêts, on peut disposer de ses propres à vingt ans. Suivant les autres [2], les filles n'ont la libre disposition de leurs meubles qu'à dix-huit ans [3]. Il y en a qui accordent à tout homme et à toute femme mariés le droit de faire un testament [4]. Dans les coutumes qui gardent le silence à ce sujet, il a été établi par plusieurs arrêts qu'on devait suivre la jurisprudence romaine, qui fixe l'âge à quatorze ans pour les mâles et à douze ans pour les filles [5]; toutefois, le mieux est de s'en référer à la coutume de Paris, considérée comme règle souveraine.

Avant d'établir quels sont les biens dont on peut disposer par testament, nous nous demanderons quelles sont les personnes auxquelles il est prohibé de s'avantager respectivement par dispositions testamentaires.

[1] Paris, art. 293, 244. — [2] Melun, art. 247. — [3] Auxerre, art. 218. Etampes, art. 105. — [4] Mantes, art. 155. — [5] Ricard, des Donations, liv. 1, c. 5, sect. 5.

Le mari et la femme sont dans ce cas [1]. Toutefois, quelques coutumes leur permettent de se donner par testament tout ce dont ils pourraient disposer en faveur d'un étranger [2]. Dans quelques autres ils peuvent se léguer l'usufruit de leurs meubles et de leurs acquêts [3]. Il y en a qui permettent aux conjoints de s'avantager respectivement par testament, au cas où il n'existe pas d'enfants [4]. Les coutumes varient également beaucoup sur la question de savoir quelles choses peuvent être léguées par testament. Dans les unes, le testateur peut disposer des meubles, des acquêts et du cinquième des propres [5]. Dans les autres, il peut disposer du tiers de tous ses biens, quelle que soit leur nature [6]. Il y en a où cette faculté ne s'étend qu'au quart de tous les biens [7], d'autres où la quotité disponible se compose de tous les meubles et acquêts et du tiers des propres [8]; d'autres, enfin, accordent au testateur la libre disposition de tous les meubles et acquêts, pourvu qu'il ait des propres : dans le cas contraire, les acquêts et les meubles sont considérés comme propres, et il ne peut en disposer [9]. Ces coutumes s'appellent : *Coutumes de subrogation.*

Dans les pays coutumiers, il n'y a point de réserve établie en faveur des ascendants; quant à celle des descendants, la quotité en est réglée diversement par les coutumes. Tantôt [10] la légitime des enfants se com-

---

[1] Paris, art. 252. — [2] — Peronne, art. 117. — [3] Clermont, art. 132. — [4] Amiens, art. 106. — [5] Paris, art. 202. — [6] La Marche, art. 212. — Auvergne, ch. 12, art. 41, 45. — [8] Meaux, art. 261. — [9] La Rochelle, art. 44. — [10] Paris, art. 298.

pose de la moitié de la part que chacun d'eux aurait eue, au cas de décès *ab intestat*; tantôt [1] elle se compose du tiers de tous les biens sans distinction. Dans quelques coutumes [2] les pères qui laissent des enfants ne peuvent disposer en faveur d'un étranger que de leurs meubles et de l'usufruit de la moitié de leurs acquêts, le surplus forme la légitime des premiers. En thèse générale, partout où la quotité de la réserve n'est pas stipulée, on observe la coutume de Paris.

Les substitutions admises dans les pays de droit écrit, à l'imitation du droit romain, ne peuvent avoir lieu en pays coutumier que sous forme de legs ou de fidéi-commis ; car du moment où les coutumes prohibent l'institution d'héritier, elles doivent naturellement repousser les substitutions vulgaires et pupillaires. Il y a même des coutumes qui rejettent d'une manière absolue les substitutions testamentaires, et ne les admettent que dans les contrats de mariage [3]. Dans les coutumes qui n'en parlent point, il est généralement reconnu qu'on peut substituer les biens dont on a la libre disposition [4]. Souvent dans les coutumes se présente une espèce de fidéi-commis tacite, à l'aide duquel le mari et la femme éludent les prohibitions de la coutume, en s'avantageant par l'entremise d'un ami auquel ils font un legs considérable, et qui s'engage sur l'honneur à le restituer au survivant. Dans la plupart des coutumes, les deux qualités d'héritier

---

[1] Bourgogne, ch. 7, art. 2, 3. — [2] Tours, art. 253. — [3] Auvergne, t. 12, art. 5. La Marche, art. 25. Bourbonnais, art. 324. — [4] Basnage, sur l'art. 55 de la coutume de Normandie, p. 581.

et de légataire sont incompatibles : un héritier ne peut cumuler ; s'il veut garder son legs, il doit renoncer à la succession[1]. Toutefois, si les biens de la succession se trouvent situés en diverses coutumes, on peut être héritier dans l'une et légataire dans l'autre[2].

Il ne nous reste plus maintenant qu'à parler des formes et de l'exécution des testaments. Nous avons déjà observé qu'en pays coutumier les testaments ne diffèrent en rien des codiciles. La différence des noms n'a trait qu'aux diverses époques auxquelles l'acte a eu lieu. Les premières dispositions du testateur se nomment testament ; les dernières, destinées à modifier les premières, portent le nom de codiciles. Dans les pays coutumiers, la plupart des testaments sont olographes, c'est-à-dire écrits de la main même du testateur. Lorsqu'un testament n'est point olographe[3], il faut, d'après quelques coutumes, qu'il ait été passé par-devant deux notaires, ou le curé de la paroisse, ou son vicaire, et trois témoins. Les témoins doivent être du sexe masculin, âgés de vingt ans accomplis, et non légataires. Le testament doit avoir été dicté au notaire, au curé ou au vicaire, par le testateur, et relu, à ce dernier, en présence des témoins. Il y a des coutumes[4] où, conformément au droit canonique, la présence du curé, ou du vicaire et des deux témoins, suffit pour la validité du testament. Il y en a d'autres[5]

[1] Paris, art. 300. — [2] Argou, I, 597. — — [2] Paris, art. 280. — [4] Melun, art. 244 — [5] Seulis, art. 173.

qui veulent que le testateur signe le testament en présence de trois témoins. Quelques-unes [1] exigent que l'on demande au testateur s'il désire rédiger son testament en forme publique et authentique, et qu'on fasse mention de sa réponse. La coutume de Normandie [2] veut expressément que le testament ait été fait trois mois au moins avant la mort du testateur ; celle de Poitou [3], qu'il soit mentionné au testament qu'il a été dicté par le testateur, de son plein gré, sans suggestion aucune. Pour qu'un testament postérieur révoque toute disposition antérieure, il faut qu'il renferme une clause qui l'énonce expressément ; à défaut de cette clause, tous les testaments antérieurs vaudront concurremment avec le dernier codicile, à moins toutefois qu'il n'y eût entre les premières et les dernières dispositions une contradiction trop évidente pour que l'intention du testateur n'eût pas été de révoquer les premières.

La nomination d'un exécuteur testamentaire, dont nous avons déjà parlé, en traitant de l'ancien droit coutumier, est très rare en pays de droit écrit. L'héritier lui-même est préposé de droit à l'exécution des dernières volontés du défunt. Mais en pays coutumier, où le testateur n'a pas la faculté d'instituer un héritier, et où les héritiers directs ne considèrent le testament que comme une infraction à leur droit, il arrive que, pour en assurer l'effet, le testateur se trouve dans la nécessité de désigner une personne, nantie de privi-

[1] Berry, tit. 18, art. 12. — [2] Art. 462. — [3] Ibid. 18.

léges particuliers et chargée de veiller à l'exécution de ses dernières volontés ; ceci ressemble parfaitement à la nomination d'un *cabeçalero*, instituée par le Droit Espagnol. C'est au testateur à nommer l'exécuteur testamentaire ; au cas où il ne l'aurait point fait, il n'y a qu'un très petit nombre de coutumes[1] qui permettent au juge d'en nommer un d'office: Il est d'usage de faire à l'exécuteur testamentaire un legs modique à titre de dédommagement ; mais si la femme même du testateur est appelée, comme cela est possible, à remplir de semblables fonctions, elle ne peut prétendre à aucune libéralité, puisque les legs sont prohibés entre conjoints. D'ailleurs, en tout état de choses, l'exécuteur testamentaire ne peut rien exiger en cette qualité, au cas où le testament ne contiendrait aucune disposition en sa faveur. L'exécuteur doit être capable des effets civils, et avoir la libre administration de son bien, puisqu'il est appelé à rendre compte ; voilà pourquoi, si le testateur nomme une femme mariée, la coutume veut que cette dernière soit autorisée par son mari à accepter les fonctions qui lui sont déférées. Il faut que l'exécuteur testamentaire soit saisi des biens dont il a à surveiller le partage ; mais les coutumes diffèrent sur la quantité et la qualité de ces mêmes biens. La coutume de Paris[2] lui accorde la possession des meubles, à moins que le testateur n'ait expressément déclaré qu'il ne serait saisi que de certaines sommes seulement. Celle de Sens[3] veut qu'il soit de plus saisi des conquêts

---

[1] Meaux, art. 56, 57. — [2] Art. 297. — [3] Ibid., 71.

immeubles. Celle de Nevers [1] statue que s'il n'y a point
de meubles dans la succession du défunt, l'exécuteur
testamentaire doit sommer les héritiers de *fournir deniers* ou *meubles*; s'ils refusent, il pourra vendre avec
faculté de rachat les immeubles de la succession. Il y a
des coutumes [2] qui ne permettent pas à l'héritier de
demeurer en possession des meubles. D'autres le lui
permettent sous la condition qu'il donnera à l'exécuteur testamentaire assez d'argent pour payer les dettes
de la succession et acquitter les legs. L'exécuteur est
tenu, avant d'entrer en possession, de faire dresser un
inventaire; toutes les formalités de cet acte se réduisent
à la présence des héritiers présomptifs. Le testateur
peut décharger l'exécuteur de cette dernière obligation, pourvu qu'il soit du nombre de ceux auxquels il
peut léguer, et qu'il n'y ait point de dettes dans la succession ; s'il en était autrement, l'inventaire deviendrait indispensable. Après la confection de l'inventaire, l'exécuteur doit faire procéder à la vente publique des meubles, et y appeler les héritiers. Si la valeur
des meubles dépasse de beaucoup la quotité des legs,
les héritiers peuvent indiquer les meubles qu'il leur
convient de faire vendre, et ceux qu'il leur convient
de garder [3]. Les meubles vendus, l'exécuteur procède
au paiement des legs, après en avoir préalablement
donné avis à l'héritier, qui peut avoir pour les contester des raisons légitimes; l'exécuteur n'a point la

---

[1] Ch. 33, art. 2, § 4.— [2] Sens, art. 73. — [3] Ricard, *es Donations*,
p. I, ch. 2.

mission de payer les dettes en général, il ne s'occupe que de celles qui sont comprises dans le testament, à moins toutefois qu'il ne s'agisse des effets saisis par les créanciers. Le temps de l'exécution testamentaire est limitée à l'an et jour, à compter du décès du testateur. Mais ce terme peut être prolongé pour de justes causes. L'exécuteur testamentaire est ensuite tenu de rendre ses comptes. Toutefois, il y a des coutumes [1] qui veulent qu'il soit cru sur la foi du serment, en ce qui concerne les frais funéraires, les aumônes distribuées à cette occasion, et les messes célébrées pour le repos de l'ame du défunt. La charge d'exécuteur testamentaire étant considérée comme un office d'ami, on peut la refuser; mais si on l'accepte, elle doit être remplie avec une extrême probité.

En terminant l'exposition du droit de succession, il nous paraît rationnel de dire quelques mots du droit de retrait accordé aux parents du défunt et connu sous le nom de *retrait lignager*, et en Bretagne sous celui de *preme* ou *presmesse* [2] ; ce n'est autre chose que la faculté accordée aux parents de revendiquer un bien propre vendu par le défunt à la charge de rembourser à l'acquéreur le prix de la vente et tous autres frais. Dans la plupart des coutumes il ne suffit pas d'être parent du vendeur, il faut encore être son parent du côté et ligne de l'héritage [3]. Il y en a même qui veulent que l'on descende directement du premier acqué-

---

[1] Bourbonnais, art. 598, — [2] Bretagne, art. 66, 86, 110, 129, 358, 359. — [3] Paris, art. 128.

reur [1]. Les enfants du vendeur peuvent exercer le droit de retrait lignager même durant la vie de ce dernier [2]. Les autres héritiers ne le peuvent qu'après sa mort. On a même admis au retrait lignager le tuteur d'un enfant non encore conçu à l'époque de la vente, parce que ce droit est bien plus tôt accordé à la famille en général qu'à tel ou tel de ses membres. Quand plusieurs se présentent pour opérer le retrait lignager, la coutume de Paris [3] et quelques autres à son exemple, accordent la préférence à celui qui a réclamé le premier. D'autres [4] préfèrent le parent le plus proche ; et s'il y en a plusieurs au même degré alors seulement le plus diligent l'emporte.

Quant aux choses sujettes au retrait, il faut d'abord qu'il s'agisse d'immeubles, car les meubles, quelque précieux qu'ils soient, ne peuvent être compris dans l'exercice de ce droit [5]. (*Choses mobilières ne cheent en retraict*). L'usufruit n'est point sujet au retrait [6], car puisqu'il s'éteint par la mort de l'usufruitier, le fonds ne peut retomber dans les mains des héritiers par voie de retrait. Les offices et charges publiques ne sauraient non plus être rachetées, par la raison que le choix du titulaire appartient au roi, et que le premier en vendant sa charge n'a fait en réalité que donner sa démission. D'après la coutume de Paris, il faut que la chose revendiquée ait été aliénée par vente ou par échange [7]. Dans ce dernier cas, pour qu'il y ait lieu

---

[1] Normandie, art. 438. — [2] Paris, art. 142. — [3] Ib. 141. — [4] Troyes art. 143. — [5] Paris, art. 144. — [6] Ibid., 147. — [7] Ibid., 143.

au retrait, il faut que l'objet donné en échange excède la moitié de la valeur de l'immeuble (*s'il y a soulte excédante la valeur de la moitié*)[1]. Cependant il y a d'autres coutumes qui renferment des dispositions contraires[2]. Il faut de plus que l'immeuble soit propre, car s'il fait partie des acquêts, il n'est point rachetable. La coutume de Normandie[3], et à son exemple quelques autres coutumes ont adopté des principes contraires. Plusieurs coutumes comme celle d'Orléans[4] décident que dans les ventes par autorité de justice le retrait lignager n'a pas lieu.

Quant aux formalités du retrait lignager elles diffèrent presque dans chaque coutume, nous ne nous occuperons ici que de celle de Paris, comme la plus répandue. L'action en retrait doit être intentée contre l'acquéreur dans l'an et jour à compter du jour de la saisine pour les héritages tenus en censive ou roture[5]. Pour les fiefs du jour de l'inféodation[6] ; pour les héritages tenus en franc aleu, du jour où l'acquisition a été déclarée parfaite par le tribunal du lieu[7]. Ce délai court contre toutes personnes, majeurs ou mineurs, absents ou présents, sans espoir de restitution[8]. L'assignation en retrait doit contenir des offres ainsi conçues : *offre bourse, deniers, loyaux-coûts, et à parfaire*[9]. Ces offres doivent être répétées dans tous les actes de la procédure. Le demandeur doit encore

---

[1] Paris, art. 145 — [2] Auvergne, ch. 23, art. 31. — [3] Art. 458. — [4] Orléans, art. 180. Touraine, ib.— [5] Paris, art 129. — [6] Ibid., 150. — [7] Ibid., 132 — [8] Ibid., 131.— [9] Ibid., 140.

tenir l'argent tout prêt, car si l'acquéreur reçoit ses offres, il est tenu de consigner le prix, avec les frais et loyaux-coûts dans les vingt-quatre heures après l'adjudication du retrait [1]. Les loyaux-coûts se composent des frais de l'expédition du contrat, qui doivent être remboursés en entier par le retrayant, encore que le seigneur ait fait remise d'une partie à l'acquéreur, et cependant le retrait n'est point considéré comme une seconde vente.

Après avoir ainsi passé en revue les principales dispositions des formules, des capitulaires, des assises de Jérusalem, des constitutions du bas empire, de l'ancien et du nouveau droit coutumier, il ne nous reste plus qu'à nous pénétrer de l'esprit de ces diverses législations en l'analysant dans ses nombreux contrastes avec celui des législations précédentes. Pour traiter ce sujet avec toute la clarté désirable, il nous faut remonter pour quelques instants aux peuples d'origine purement romaine, décrire l'organisation de la famille, en faisant ressortir les éléments germaniques qui s'y glissèrent à diverses époques ; en suivant cette marche rétrograde en apparence, nous arriverons à grands pas à la conclusion de notre œuvre. En Italie, nous avons déjà vu les éléments germaniques et lombards se confondre et s'unir si intimement à ce qui restait du droit romain, qu'en peu de temps des institutions essentiellement germaniques se revêtirent d'une physionomie toute latine. La doctrine du *meta*

---

[1] Paris, 156.

et du *Morgengeba* ne tarde pas à se fondre sous le titre d'*Antefactum* avec la donation *propter nuptias* du droit romain, le mundium des vieux Germains se change en tutelle romaine, et les doctrines de Justinien sur la dot, non-seulement conservent la prééminence, mais encore attirent à elles toutes les institutions germaniques sur le même sujet. Néanmoins dans la partie du droit de succession non encore atteinte par les distinctions romaines d'agnation et de cognation, et où domine la division des sexes d'après les idées germaniques, nous retrouvons la puissance paternelle dans toute la vérité des traditions barbares. De même que l'architecture gothique en Italie dut céder la place aux formes renaissantes de l'architecture antique, de même le droit lombard s'efface devant les vivaces souvenirs de la législation romaine. Une seule ville, Naples conserve quelques traces du droit féodal importé par les Normands. Encore que ces traces ne soient pas assez profondes pour germaniser l'Italie, il n'est pas moins vrai que nous y rencontrons çà et là des principes d'autant plus frappants à cause de leur lointaine origine ; ainsi la distinction entre les acquêts et les héritages nous place tout-à-coup dans un monde d'idées nouvelles, dont les conséquences se développent dans d'autres contrées. Sous le point de vue législatif, l'Espagne est sans contredit plus germanique que l'Italie. Sans parler du *Fuero Juzgo*, recueil plus romain que barbare, il est certain que les guerres acharnées soutenues plus tard contre les Maures servirent à affermir plus profondément le principe germanique et chrétien. Les traditions barbares déjà presque anéanties et effacées reparaissent ravivées par une impulsion artificielle ; et les droits municipaux renaissent avec une fraîcheur d'originalité toute germanique, qu'on s'étonne au premier abord de rencontrer au milieu de la catholique Espagne. Ceci s'applique notamment au régime de communauté entre époux, adopté en Espagne, relativement aux acquêts (*gananciales*), aux stipulations du contrat de mariage (*unidad*) en vertu desquelles le survivant a la jouissance de la fortune du défunt, sous la condition de ne point convoler en secondes noces ; à la distinction entre les choses qui appartiennent aux hommes, et celles qui peuvent devenir la propriété des femmes ; enfin au droit de retrait accordé aux parents, et que nous retrouvons dans la plupart des *Fueros*. Mais soit qu'une reproduction artificielle, née de violents combats ne pût arriver à obtenir la force qui accompagne toujours les idées empreintes d'une nationalité primitive, soit que l'influence de l'église toujours croissante, ait su isoler les créations barbares et les remplacer par les traditions du droit romain, toujours est-il que si les éléments germaniques jetèrent de profondes racines dans la législation espagnole, ce fut une aggrégation solide et compacte, mais immobile et inapte au développement, pareils en cela à ces débris d'architecture moresque, qui, à l'aide de la magie des souvenirs, nous initient aux secrets d'une nationalité autrefois florissante, mais depuis long-temps évanouie. La doctrine de la communauté subit à la vérité de plus grands développements en Portugal, où l'église dominait à un moindre degré ; cependant sur la même ligne nous voyons se perpétuer le régime dotal d'origine romaine, et en général l'influence du droit ancien s'y retrouve forte et incessante encore plus qu'en Espagne.

Quittant ce terrain, et portant nos regards sur la physionomie du droit français, nous verrons comme nous l'avons déjà observé ailleurs [1], que si en Portugal, le droit romain et le droit germanique se perpétuent simultanément, et dans un état de connexion intime, ici sur ce sol divisé en deux parts distinctes, les deux éléments s'y retrouvent, mais face à face et dans un état de lutte et de combat. La France méridionale nous montre le droit romain encore plus florissant que dans quelques-unes des villes d'Italie et dans la plupart des *fueros* espagnols. Il ne s'agit plus ici d'une renaissance amenée par les guerres contre les Maures. Il ne s'agit plus ici de la résurrection d'un droit provoquée par des besoins d'une pressante actualité ; en France la loi visigothe romaine plutôt que germanique se joint au droit écrit romain plus étroitement encore que le droit lombard en Italie ; et cet aggrégat de deux législations à peu près identiques, finit par se fondre en un ensemble complètement romain. Si dans cette partie de la France se retrouvent encore quelques rares vestiges des traditions barbares en ce qui concerne les droits de famille, ceci doit être attribué à l'action inévitable de la conquête qui s'implantant sur le sol,

[1] Gans-Erbrecht, III, p. 489.

dut nécessairement laisser quelques traces de son influence. Ainsi, par exemple, l'*augment de dot* dont nous avons parlé, peut être regardé comme une donation *propter nuptias* modifiée dans le sens du douaire germanique. Ainsi la loi, qui en certains lieux comme à Toulouse, attribue les biens issus du côté paternel aux parents paternels, et les biens maternels aux parents maternels, peut être regardée comme une imitation de cette doctrine du droit coutumier : *paterna, paternis; materna, maternis.* Mais à considérer le fond même du droit et les principes les plus importants, nous ne voyons que du droit romain pur, dégagé de tout alliage germanique, et se dérobant à l'influence des autres législations rivales. Dans les pays coutumiers intermédiaires, le droit romain tend à se rapprocher du droit germanique, et les parlements qui ont à statuer à la fois en droit écrit et en droit coutumier, comme par exemple celui de Paris, mettent souvent les deux principe en présence sans pouvoir parvenir à opérer leur fusion.

C'est ici, au centre du pays coutumier, que dans notre excursion à travers le moyen-âge, nous rencontrons pour la première fois le fleuve large et pur de l'individualité germanique ; il ne s'agit plus maintenant d'un élément faible, surnageant quelques instants pour disparaître bientôt sous les doctrines canoniques et les traditions du droit romain ; il ne s'agit plus de quelques bas-reliefs destinés à l'embellissement d'un édifice hétérogène ; il ne s'agit plus d'une création inerte, incapable de développements ; ici le droit ger-

manique présente un caractère de fixité réelle, il vit
d'une vie qui lui est propre, et s'il est quelquefois
agité par le flux des doctrines romaines, il sait les repousser victorieusement. A la vérité, le droit romain
n'y est point banni d'une manière absolue comme en
Angleterre, et surtout dans la Scandinavie où il ne put
jamais prendre racine ; il est admis non point dans ce
qu'il a d'exclusif et de spécial, mais dans ses dispositions les plus générales, et à titre de *raison écrite,* sans
qu'il lui soit permis d'entraîner dans ses modifications
historiques la fixité de la nature allemande. Ainsi,
pour nous en tenir à l'organisation de la famille et au
droit de succession, nous trouvons dans les Formules
et les Capitulaires, la fécondation et le développemeut
du germe inculte renfermé dans la loi salique, et ceci
est vrai, encore que les premières nous apparaissent
sous une enveloppe romaine, et les seconds sous une
enveloppe canonique. L'adoucissement de l'*adfatisme,*
la transformation du paiement du solidus et du denier, en un véritable douaire, et l'établissement des
exécuteurs testamentaires (*fidejussores investituræ*) que
nous rencontrons déjà dans les Capitulaires, tout cela
forme la transition insensible des lois barbares au droit
coutumier; mais entre ces deux droits existe un rapport intime, rapport qui n'est pas seulement fondé
sur un lieu commun, les Formules et les Capitulaires,
mais bien sur une communauté d'origine. Un fait qui
ne se rencontre ni dans le Droit Italien, ni dans le
Droit Espagnol, ni dans le Droit Portugais, c'est l'influence du régime de communauté qui se fait sentir

aussitôt après la conclusion du mariage. La dépendance féodale du mariage se rencontre dans les Assises
de la haute cour de Jérusalem aussi bien que dans les
coutumes les plus anciennes. Le mariage ne repose
plus seulement sur le consentement des parties et des
parents, et il gagne par là de pouvoir ajouter à la
moralité qui lui est propre; celle qui s'attache à l'idée
de propriété à laquelle il est joint. Dans les Assises de
la cour inférieure de Jérusalem, cette organisation
féodale du mariage se trouve remplacée par une disposition qui a trait au *mundium* germanique, et qui
statue, que pour épouser la femme que l'on désire,
on doit l'obtenir de celui de ses parents sous la puissance (*governo*) duquel elle se trouve en ce moment.
Ici à l'imitation du droit grec et des législations du
Nord, la puissance paternelle s'étend à toute espèce
de curateurs. Ce qu'elle perd ainsi de ses droits absolus, elle le regagne en ce qu'elle s'applique à un plus
grand nombre de personnes. Dans le nouveau droit
coutumier nous ne retrouvons plus ni cette action du
pouvoir féodal que nous venons de signaler, ni la
disposition des Assises. Le simple consentement suivi
du contrat devenu usuel, et presque indispensable,
suffit pour valider le mariage; et même si les conjoints sont parvenus à un certain âge, ils peuvent
s'unir sans le consentement de leurs parents. Ainsi le
droit coutumier se séparant des théories féodales, se
rapproche des doctrines de liberté adoptées en droit
romain et en droit canon. Les prescriptions qui présentent à un plus haut degré un caractère de fixité,

sont celles qui régissent le côté réel du mariage, c'est-à-dire les relations de fortune entre conjoints. Déjà dans les Assises de Jérusalem, le douaire dévolu à la femme est fixé à la moitié des biens du mari, tandis que plusieurs coutumes plus anciennes n'accordent que le tiers. La disposition des Assises de la haute cour est en harmonie avec ce principe admis dans l'ancien droit coutumier, qu'un gentilhomme se distingue d'un roturier, en donnant à sa femme la moitié de ses biens à titre de douaire. Ainsi, dès l'origine, le premier douaire fut considéré comme plus digne et plus noble, le second comme plus commun et plus roturier. Le don nuptial, connu sous le nom de *Morgengeba*, et qui diffère du douaire, disparaît complètement dans le droit coutumier; et la maxime qui dit : *que la femme au coucher gagne son douaire*, nous démontre jusqu'à quel point ces deux idées se sont fondues en une seule. Au douaire se rattache la communauté des biens que nous rencontrons déjà dans les Assises. Nous y rencontrons encore la distinction établie entre la terre salique, ou *terra aviatica* et l'aleu, qui se formule dans le droit coutumier en une séparation entre les propres et les acquêts. Si la communauté des biens ne porte pas sur les propres, ceci tient à ce que cette sorte de biens existant avant le mariage, ne peut être considérée comme dérivant de lui; tandis que les acquêts et les meubles n'ont point aux yeux de la loi une existence antérieure au mariage et par conséquent tombent dans la communauté. L'homme, comme chef de la famille, est de droit l'efficace administrateur des biens de la communauté. Toutefois, nous rencontrons une exception à cette règle dans les Assises et dans le droit coutumier, cette exception est établie en faveur de la femme marchande publique : c'est un fait digne d'attention que déjà au commencement du douzième siècle, nous voyons se réaliser cette donnée toute moderne, que la femme peut dans certains cas, à sa qualité de compagne du mari, joindre une indépendance réelle, dans une sphère d'activité toute personnelle. Les autres dispositions destinées à régler les intérêts des époux, telles que celles relatives aux donations mutuelles, ne sont que des conséquences de principes déjà posés en matière de douaire et de communauté, et ne peuvent donner lieu qu'à des observations identiques.

Un fait qui révèle surtout la persistance des traditions germaniques dans les Assises de Jérusalem, comme dans l'ancien et le nouveau droit coutumier, c'est que la puissance paternelle et le *mundium* se confondent en une seule et même idée. Ce mundium connu sous le nom de *bailagio*, *bail* ou *garde* est un droit personnel, qui diffère souvent de la tutelle, dont il est essentiellement distinct dans les dispositions des Assises. La jouissance des fruits, sans être tenu de rendre compte, jointe à l'obligation de payer les dettes du mineur, font de ce droit quelque chose de distinct de la tutelle romaine, établie plus tard, et qui a trait spécialement à la surveillance et à l'éducation du mineur. Lorsque ce mundium disparut avec les idées féodales qui l'avaient produit, alors la tutelle resta seule;

admise dans son acception romaine, ses attributions s'étendirent et elle dut cumuler les deux pouvoirs.

L'idée fondamentale du droit de succession est nécessairement empreinte d'originalité, et à mesure qu'elle pénètre dans le nouveau droit français, elle mérite une attention spéciale. Déjà dans les Assises de Jérusalem nous avons vu une distinction établie entre les choses dont on peut librement disposer par testament et celles qui échappent à la volonté du testateur, et deviennent de droit la propriété de ses héritiers directs. Le fief acquis par le testateur, peut être transmis à qui bon lui semble,.mais celui qu'il a reçu de ses ancêtres appartient exclusivement à sa descendance. Tout bien que l'on doit à la libéralité d'autrui ou au hasard, peut être transmis d'après les mêmes lois; mais celui qui nous arrive en vertu d'un droit reçu de la nature, doit être nécessairement réglé dans sa dévolution d'après les mêmes principes. Dans les coutumes de l'empire latin d'Orient le testateur ne peut librement disposer d'un fief, les biens roturiers seuls sont transmissibles à son gré. La même distinction se retrouve dans l'ancien et le nouveau droit coutumier français, entre l'*héritage* et les *acquêts* ainsi *que les meubles.* Quant à la première espèce de biens, la quotité disponible ne dépasse jamais un cinquième; pour les autres elle embrasse la totalité. Cette limitation apportée au droit testamentaire, et adoptée plus tard avec quelques modifications par le code Napoléon, est l'expression d'une idée essentiellement équitable et vraie. C'est le principe germanique dont nous

parle Tacite; l'accord entre le libre vouloir de l'individu, et l'immuable fixité des droits de la famille. La
volonté individuelle ne saurait prévaloir contre le
principe même de la famille, il ne faut pas qu'elle
puisse, comme dans la législation romaine, anéantir
ses droits pour les rétablir ensuite à l'aide d'une
convention détournée par l'institution des héritiers nécessaires. Le pouvoir testamentaire n'est ni le principe ni la conséquence du droit de succession, c'est un
droit spécial mais intimément uni au premier. En un
sens, on peut dire d'un individu qu'il doit avoir des
droits sur sa fortune. Tout ce qui est acquis, tout ce
qui est meuble, appartient de droit au possesseur
plutôt qu'à tout autre. Il ne s'agit plus ici d'une propriété de famille, aussi le testateur peut-il en disposer
librement; mais son pouvoir s'arrête du moment où
il s'agit de toucher à l'héritage foncier, au bien de la
famille qu'il a géré bien plutôt à titre de représentant
qu'à titre de propriétaire spécial. Tout ce que dans sa
plus large tolérance la loi peut lui accorder ici, c'est
la libre disposition d'une très petite partie de la chose.
Dans presque toutes les coutumes, ce *minimum* est
fixé à un cinquième, et l'héritier *ab intestat* n'est
point tenu de payer les dettes qui restent à la charge
de l'héritier testamentaire. Si, pour parler le langage
du droit romain, le testament dégénère en un codicile
ab intestat, alors se trouve abrogée cette disposition
fondamentale du droit romain, en matière de succession, qui prohibe l'existence simultanée de la succession testamentaire et de l'hérédité *ab intestat*. En droit

35

coutumier, disparaissent les divisions et subdivisions établies par le droit romain entre les choses, et la séparation des immeubles et des meubles, des propres et des acquêts, a pour conséquence deux modes de dévolution tout différents, suivant que les biens rentrent dans l'une ou l'autre des deux catégories.

La succession *ab intestat* est, comme le mariage, sujette aux modifications introduites par le régime féodal. Déjà nous trouvons le droit d'aînesse signalé dans les Assises, ainsi que la faveur accordée aux mâles d'exclure les femmes. Dans les coutumes ce même droit d'aînesse est l'objet de dispositions encore plus étendues ; car ici la part de l'aîné se compose du principal fief et des deux tiers de tous les autres. Dans un pareil état de choses il était naturel que la représentation ne fût point admise ; car ce fait supposerait que la famille est appelée en masse à succéder, et que celui des membres qui fait défaut est remplacé par son représentant naturel ; tandis qu'au contraire le droit d'aînesse est un droit exclusif et absolu. Le puîné n'est point appelé concurremment avec l'aîné à la possession de la totalité des biens, il est au contraire exclu par ce dernier, et s'il reçoit une part quelconque, c'est presque une exception établie en sa faveur. Le principe d'égalité qui prédomine dans l'antiquité comporte parfaitement la représentation : le moyenâge au contraire partant du point de vue d'individualisme dut favoriser l'aîné et lui accorder une préférence exclusive. Plus tard, cependant, il se rapprocha du principe romain, sans l'adopter entièrement, et c'est en ce sens, que l'on peut considérer le *rappel* admis dans les coutumes comme une sorte de représentation. A mesure que l'état cesse de s'appuyer sur des principes tendant à favoriser l'isolement et l'intérêt particulier, alors les idées de communauté et d'égalité sortant du domaine des fictions font invasion dans le droit de famille. Le droit d'aînesse ne constitue pas moins toujours un droit absolu, s'appliquant sans distinction de sexe. C'est un principe général que nous retrouvons dans toutes les parties du droit de succession.

Si le droit de représentation a dû s'effacer devant l'individualisme germanique, il était naturel que la succession advînt à l'héritier favorisé, de prime abord, et sans aucun acte de possession de la part de ce dernier qui se trouve de droit saisi du moment de la mort du défunt. De là la maxime : *Le mort saisit le vif.* En droit romain l'adition d'hérédité n'a lieu que pour les *sui hæredes ;* en droit germanique, la loi appelle toutes sortes d'héritiers, tous se trouvent également *sui hæredes.* Seulement quand il s'agit d'un fief, la maxime que nous venons de citer n'est plus applicable. Car ici, il n'y a plus à proprement parler de droit de succession. Tout héritier devant recevoir l'investiture d'un fief des mains du suzerain, c'est une sorte d'acquisition nouvelle, et on ne saurait admettre qu'il y ait une dévolution de biens immédiate. La qualité d'héritier, n'étant en droit romain, que la conséquence d'un acte de libre volonté de la part du testateur, il s'ensuit que l'héritier institué doit avant tout manifester son acceptation. En droit germanique l'héritage n'est jamais séparé de la personne de l'héritier : nous ne saurions mieux exprimer, ce qu'il y a d'immédiat et de personnel dans cette saisine de l'héritier, qu'en rappelant cette formule qui préside à la transmission de la couronne de France : *Le roi est mort! vive le roi !*

Quant à la succession des ascendants, le droit français, à l'exemple de toutes les législations empreintes d'un cachet féodal, l'envisage sous un double point de vue ; s'il s'agit de meubles et d'acquêts, leur droit ne saurait être contesté, ils sont même appelés de préférence aux collatéraux, et la novelle 118 qui permet aux frères et sœurs du défunt de concourir avec eux, est contraire à l'esprit des coutumes. Mais dans une législation admettant en principe que la propriété est destinée à subir une transmission toujours vraie et des développements progressifs, il est naturel que les ascendants qui ne sont plus qu'une branche morte, se trouvent exclus de la succession des immeubles. C'est en ce sens que l'on a dit : *propre héritage ne remonte point*. Toutefois il a paru juste d'établir une exception relativement aux biens qui viennent des ascendants eux-mêmes; car ici leur renonciation n'a pas été tellement complète et irrévocable, qu'ils aient dû s'interdire toute idée de possession; et on ne saurait dire d'un héritage qu'il remonte parce qu'il retourne à ceux qui l'ont donné. Toutefois, quelques coutumes rejettent cette distinction, et n'accordent aux ascendants que la propriété des meubles et l'usufruit des acquêts. Il y a des coutumes qui appellent les frères et sœurs du défunt et même les cousins-germains concurremment avec les ascendants, il y en a qui ne préfèrent aux collatéraux que les père et mère, et non les autres ascendants. Il en est d'autres enfin où les ascendants de la ligne paternelle excluent ceux de la ligne maternelle, mais ce ne sont là que des vestiges de droit romain, ou des exceptions originaires des pays de droit écrit.

La partie du droit de succession sur laquelle les coutumes diffèrent de la manière la plus frappante, est sans contredit celle qui règle les intérêts des collatéraux. On conçoit très-bien que dans les pays de droit écrit, les doctrines essentiellement germaniques, qui distinguent les biens paternels et les biens maternels, se confondent avec les traditions du droit romain ; mais on ne saurait s'expliquer la singularité des dispositions de quelques coutumes à cet égard, qu'en admettant une espèce de lutte entre l'influence du régime féodal et les sentiments de la nature ; on comprend alors ces tergiversations des coutumes, qui tantôt admettent la représentation, tantôt la rejettent, tantôt l'accordent pour les immeubles et la refusent pour les meubles, tantôt préfèrent les frères germains aux utérins et aux consanguins; quelquefois accordent aux mâles la faculté d'exclure les femmes à égalité de degré, ou encore, donnent les immeubles aux parents paternels et les meubles aux parents maternels ; dans tout cela il n'y a que des conceptions germaniques si connues, qu'on ne doit pas s'étonner de les retrouver dans un droit tout germanique, tel que le droit coutumier.

Toutefois il est un point sur lequel les règles de transmission fondées sur les degrés de parenté doivent céder au caractère de stabilité de la chose elle-même. C'est ce qui arrive dans la succession des propres : ici le parent le plus éloigné de la ligne d'où dérive le propre, est préféré au parent le plus proche de l'autre ligne. Ce principe, *paterna paternis*, *materna maternis*, souffre encore quelques modifications basées sur le régime féodal. Ainsi les coutumes souchères exigent que l'on soit issu du premier acquéreur, les coutumes d'estoc et ligne se contentent de la qualité de parent du côté et ligne de l'acquéreur; ce ne sont là que des modifications du même principe. Le caractère féodal de ces dispositions est manifeste, surtout dans la coutume de Normandie, où à défaut de parents de la ligne du premier acquéreur, le propre est dévolu au seigneur, de préférence aux parents de l'autre ligne. Ce caractère féodal ressort encore de la division des propres anciens et des propres naissants, et de la transformation subie par ces derniers qui deviennent propres anciens en passant aux mains du fils de l'acquéreur.

Que le droit de succession soit considéré comme un droit réel, ceci se démontre non-seulement par cette disposition des coutumes qui attribue les biens vacants, non au fils, mais au seigneur, haut justicier du lieu où ils sont situés, mais encore par le rigoureux exercice du droit d'aubaine. Dans ce dernier cas, la force attractive du pays dans lequel l'étranger a fixé son domicile, paralyse les droits de la famille à laquelle il appartient. Les diverses exceptions apportées à ce principe jusqu'à la révolution, et fondées tantôt sur des considérations de droit international, tantôt sur des relations commerciales, bien loin de prouver contre le principe, ne servent qu'à justifier de son existence.

Déjà dans nos observations sur le droit de succession en général, nous avons parlé des rapports du testament et de l'hérédité *ab intestat*. Nous ajouterons seulement pour compléter ce que nous avons déjà dit, que dans le sens des coutumes, le testament n'occupe qu'un rang secondaire. Non-seulement on ne peut disposer que d'une certaine partie de ses propres, d'un cinquième, d'un quart ou d'un tiers; mais encore à défaut de propres, les meubles et les acquêts acquièrent cette qualité, et dès-lors ne sont plus transmissibles au gré du testateur. Si le droit testamentaire, ainsi consolidé et limité en même temps, suppose absence complète des doctrines relatives aux héritiers légitimaires et à la légitime, cette doctrine reparaît cependant dans plusieurs cas; et le testament déjà restreint dans l'étendue de ses attributions se trouve limité dans son efficacité par la disposition qui prohibe le legs universel en faveur d'un étranger, et réserve aux enfants tantôt un tiers, tantôt la moitié des biens paternels. Le testament se trouvant ainsi essentiellement distinct de l'héritage, il en résulte que l'exécuteur testamentaire se trouve investi d'une autorité plus grande. L'indé pendance qui suit sa mise en possession , la défense imposée à l'héritier de s'emparer des meubles, enfin la confiance accordée à l'exécuteur testamentaire par quelques coutumes qui se contentent d'un simple serment , comme justification de certaines dépenses ; tout cela nous prouve que sa position est celle d'un homme affranchi de toute dépendance envers l'héritier, et considéré comme le seul gérant de la succession.

ORDONNANCES.

Nous sommes maintenant arrivés à la dernière partie de nos recherches ; il ne nous reste plus qu'à parler des modifications apportées au droit de famille et de succession dans les pays coutumiers, par les ordonnances des rois de France. Comme il ne s'agit point ici d'un système de lois complet , mais bien d'une série de dispositions particulières, nous nous contenterons d'exposer dans leur ordre chronologique ces essais législatifs. Nous observerons au préalable qu'il ne sera question ici que des ordonnances des rois de la troisième race, celles qui précèdent sont confondues sous le nom générique de Capitulaires.

Philippe-Auguste, par une ordonnance datée de 1204 , fixa le douaire coutumier, à l'usufruit de la moitié des immeubles possédés par le mari au jour de son mariage.. Cette ordonnance n'est point parvenue jusqu'à nous, mais elle est citée par *Beaumanoir* [1] et *Pierre Desfontaines* [2]; le même roi par un acte émané de *Pont-de-l'Arche* en 1219, ordonna que si une femme mariée venait à mourir sans enfants, mais laissant d'autres héritiers, le mari aurait la propriété exclusive des acquêts de la communauté à la charge par lui d'acquitter les legs faits par la femme [3]. Nous pourrions ici compter les Etablissements de Saint-Louis au nombre des ordonnances des rois de France, mais comme nous en avons déjà parlé sous la rubrique du droit coutumier, auquel d'ailleurs elles se lient étroitement par leur contenu, nous nous contenterons d'en faire une simple mention.

En 1336, Philippe de Valois, sixième du nom, adresse à l'évêque d'Amiens une ordonnance concernant les mariages. Les habitants de cette ville avaient porté plainte au parlement contre leur évêque qui, non content de punir l'adultère par des amendes, imposait des taxes aux personnes vivant en légitime mariage. Le parlement rendit un arrêt, faisant défense à l'évêque de persister dans cet abus de pouvoir, et le menaçant de lui retenir son temporel ; ce dernier répliqua qu'il ne se rendrait qu'à une ordonnance royale [4]. C'est alors que fut rédigée cette ordonnance de 1336, dont nous venons de parler, qui enjoint à l'évêque de s'abstenir de taxer les nouveaux mariés.

---

[1] Cout. de Beauvoisis, ch. 13. — [2] Conseil, ch. 21. — [3] Ordonnances des rois de France de la troisième race, par M. Laurière, Paris 1723, I, 138. — [4] Ordon., I. 117.

L'évêque d'Amiens se soumit; mais de semblables oppressions s'étant renouvelées plus tard, une autre ordonnance de Charles VI du 5 mars 1388, vint rappeler le décret de Philippe de Valois [1].

A ces diverses dispositions nous pouvons joindre plusieurs ordonnances royales contre le rapt et le concubinat. En 1356, Charles V, régent du royaume au nom de son père Jean II, annonça dans un édit qu'il ne serait fait aucune grâce aux ravisseurs, que la femme fût mariée ou non mariée, laïque ou religieuse [2]; de même dans une pragmatique sanction datée de Bourges en 1438, Charles VII s'élève contre le concubinat, prohibé par les canons et les lois civiles, chez les célibataires aussi bien que chez les hommes mariés [3].

A l'imitation du droit chinois et du droit romain, quelques ordonnances des rois font défense à tous officiers publics d'une province de contracter mariage, ou de marier un membre de leur famille, avec des personnes de la province où ils exercent leurs fonctions. Tel est le but d'un édit de saint Louis de 1254 ainsi conçu : « *item nous deffendons à nos baillis, que tant, comme ils seront baillis, sans especial assentiment, ils ne marient ne leurs enfants, ne leurs frères, leurs sœurs, neveux, nièces, cousins, ne autres de leur menie, a personne nulle de leur baillie, ne ne mettent iceux en religion, ne ne leur acquèrent bénéfices ou aucunes possessions* [4]. Cette ordonnance est confirmée en

---

[1] Ordon., I, 117. — [2] Ibid., III, 129. — [3] Ibid., XIII, 288, 289. — [4] Ibid., I, 71.

1256 et étendue aux sénéchaux et aux sénéchaussées [1]. Nous la retrouvons dans un avis de Philippe-le-Bel [2] du 23 mars 1302, adressé à ses officiers eux-mêmes et ré pété en 1351 par Jean II. Les personnes appartenant au corps des notaires doivent en se mariant payer la somme de cinq sous parisis, et s'ils ne le font « *quand il trespassera de cette siecle, il payera à la couronne dix sols parisis, ou son meilleur garnement* » [3]. Une autre ordonnance de Charles V, datée du château de Melun en 1374, fait défense aux vassaux du roi de s'allier avec ses ennemis [4].

Outre ces ordonnances qui ont trait à des intérêts généraux et sont exécutées dans tout le royaume, il en est d'autres qui ne concernent que certaines villes ou certaines localités, pour lesquelles elles ont été rendues. Ainsi on accorde quelquefois aux bourgeois de certaines villes, à ceux de Rouen, par exemple, le privilége de ne pouvoir être contraints au mariage [5]; un semblable privilége est octroyé par Charles V dans un acte daté de Paris en 1367, aux femmes de la province du Dauphiné [6]. Le même roi accorde à la commune de Saint-Jean-d'Angely une charte qui permet aux bourgeois de marier leurs enfants à leur gré ainsi que les veuves [7]. Le même en sa qualité de régent concède un semblable privilége à la ville de Villefranche en Périgord [8]. Il est des ordonnances qui accor-

---

[1] Ibid., I, 79. — [2] Ibid., I, 365. — [3] Ibid., II, 460, confirmée en 1361, ordon., IV, 402.— [4] Ibid., II, 54.— [5] Ibid., II, 413.— [6] Ibid., V, 45.— [7] Ibid., V, 671.— [8] Ibid. III, 204.

dent aux barons l'exercice de certains droits contre leurs vassaux : ainsi le roi Jean permet à la vicomtesse de Limoges d'imposer aux habitants de cette ville une contribution de cent livres à l'occasion du mariage de sa fille [1]. En règle générale un semblable impôt n'était admis qu'en faveur des princesses du sang. Un acte de même nature concède au chapitre de *Romans* le droit d'assister à toutes les noces célébrées dans l'étendue du diocèse, et de percevoir à cette occasion une certaine quantité de pain, de viande crue ou cuite et de vin [2]. Dans le privilége accordé à la ville de Grenade, il est statué que si un homme épouse une femme apportant une dot, et qu'en retour il lui fasse une donation *propter nuptias* sans autres stipulations particulières, le mari, au cas qu'il survive à sa femme et à défaut d'enfants, a la jouissance de la dot, qui retourne après sa mort à ses enfants à lui, ou à leur défaut aux légataires de la femme [3]. Quelques édits restreignent les droits exorbitants du clergé dans certaines villes, relativement aux seconds mariages. Ainsi à Vienne, une veuve qui convolait en secondes noces payait au mistral de l'église deux deniers par chaque livre de dot. Les hommes payaient encore au chancelier de la même église un denier par livre. Pour faciliter les mariages on réduisit le tout à la somme de treize deniers payables au curé [4], et les cuisiniers

---

[1] Ordon, III, 64. De même les bourgeois d'Abbeville sont tenus de fournir aide au comte de Ponthieu pour le mariage de sa fille, Ordon., IV, 58. — [2] Ibid., III, 279, 285. — [3] Ibid., IV, 21. — [4] Ibid., VII, 434.

de l'archevêque perdirent le droit qu'ils avaient de taxer les nouveaux mariés [1].

Nous ne mentionnons ici qu'un petit nombre d'ordonnances, parce qu'il nous paraît suffisant pour donner une idée de l'action du pouvoir législatif, sur les statuts locaux et les droits des diverses communes. Cette intervention de la royauté produite tantôt par l'accroissement de la puissance royale, tantôt par les sollicitations des villes elles-mêmes, des barons ou du clergé, reste pourtant impuissante contre la plupart des statuts locaux; et cela devait être, car les lois de l'état ne pouvaient acquérir une importance réelle qu'à la fin du moyen-âge, époque où les priviléges particuliers disparaissent et s'effacent, absorbés par l'influence toujours croissante du pouvoir royal.

Ainsi en 1556, Henri II rend un édit contre les mariages contractés sans le consentement des parents, par des personnes qui se trouvent encore sous la puissance paternelle [2]. En un cas pareil les parents peuvent exhéréder leurs enfants, sans que ces derniers puissent attaquer l'exhérédation [3]; de même ils peuvent révoquer les donations et autres avantages faits à leurs enfants [4]. Les enfants sont encore dépouillés de tous les droits qui peuvent résulter pour eux soit du contrat de mariage de leur père et mère, soit des dispositions particulières des coutumes [5]. Les délinquants sont de plus passibles d'une peine dont la fixation est laissée à

[1] Ordonnance, VIII, 455. — [2] Code matrimonial, Paris, 1770, I, 99. — [3] Ibid., 101. — [4] Ibid. — [5] Ibid.

la discrétion du juge (*dont nous chargeons leur honneur et conscience*). Cet édit fut rendu à l'occasion d'une promesse de mariage faite à Mlle de Piennes par le duc de Montmorency, à l'insu de son père le connétable, qui voulait marier son fils à Mlle de Farnèse, fille naturelle de Henri II. Le pape Paul IV faisant long-temps attendre une dispense de l'engagement contracté par le jeune duc, l'impatience du roi ne connut plus de bornes, et alors fut promulgué cet édit [1]. Dans la même année fut rendue une ordonnance semblable contre les filles qui ont caché leur grossesse et leur accouchement, et dont les enfants sont morts sans avoir reçu le baptême. Le fait d'avoir célé la grossesse est dans ce cas regardé comme un meurtre, et la coupable est passible de la peine capitale [2]. Le règne de Charles IX est fécond en lois particulières sur le mariage; il défend entre autres choses de se servir de lettres de cachet closes et reçues en blanc de la main du roi, pour forcer les jeunes filles au mariage : un pareil fait est considéré comme un crime de rapt et puni de la même peine [3]. Dans une ordonnance datée de Saint-Germain-en-Laye et du 17 janvier 1561, il est enjoint aux Huguenots (ceux de la nouvelle religion) de ne se marier, qu'en se conformant aux prescriptions de l'église catholique relativement aux prohibitions pour cause de parenté [4]. Ceci rappelle la prohibition du divorce, admise aujourd'hui en France

Paris. D. Hist. liv. XIX, in-fol. — [2] Code matrimonial, I. 104. — [3] Ibid., 105. — [4] Ibid., conféré par l'édit de Henri III, rendu à i , le 14 mai 1876, et celui de Poitiers, du 15 septembre 1577.

et promulguée en 1816 à titre de loi civile, pour tous les citoyens, quelle que soit leur religion, prohibition qui n'a pas encore pu être levée malgré tous les efforts de la chambre des députés. Un autre édit daté de Roussillon le 4 août 1564, ordonne aux moines et aux religieuses qui avaient profité des troubles de religion pour se marier de rentrer dans leur couvent, ou de sortir du royaume dans le délai de deux mois [1]. Dans un édit daté de Poitiers et enregistré le 8 octobre 1577, il est dit à l'art. 8 que les religieux qui ont contracté mariage ne seront point troublés, seulement leurs enfants ne pourront succéder qu'aux meubles et aux acquêts [2]. L'édit de Blois rendu par Henri III en mai 1759 contient des dispositions prohibitives des mariages secrets ; on ne peut valablement contracter mariage qu'après trois publications de bans; on ne saurait obtenir de dispense qu'après la première publication [3]. La célébration du mariage sera publique, et les époux devront être assistés de quatre témoins dont la présence sera constatée sur les registres de l'état civil [4]. Il est enjoint aux curés de s'enquérir soigneusement de la qualité des parties contractantes, et si elles sont encore en puissance d'autrui ou en tutelle, ils ne doivent passer outre qu'après qu'on leur aura représenté l'acte de consentement des pères, mères, tuteurs ou curateurs [5]. Il est défendu aux tuteurs de consentir aux mariages des mineurs, avant d'avoir consulté les

---

[1] Code matrimonial, I, 105.— [2] Ibid., 106.— [3] Ibid., 107.— [4] Ibid., 1.— [5] Ibid.

plus proches parents, et cela sous des peines graves [1]. Après chaque année, le curé devra dans le délai de deux mois faire déposer au greffe de l'officialité les registres de l'état civil, sous peine de se voir retenir son temporel [2]. Le greffier doit les conserver avec soin et en délivrer des extraits sur la réquisition des parties [3]. Si une veuve se remarie avec une personne de condition inférieure, tous les actes faits en faveur de son conjoint sont nuls de plein droit; et même cette nullité frappe en général toutes les dispositions concernant la dévolution de ses biens [4]. De même tous gentilshommes qui, par violence ou autrement, marient contre leur gré leurs enfants ou leurs pupilles à leurs domestiques, sont déclarés roturiers et punis comme ravisseurs [5]. On peut établir que le moyen-âge en France finit avec Henri III, et alors commence cette transition aux idées modernes, dont le règne de Henri IV est le point de départ. Et si les successeurs de Louis XIV retournent sans cesse à Henri IV comme à leur principe, c'est qu'il est manifeste que l'ancien régime le revendique pour son fondateur.

La garde déférée à la puissance paternelle, et la tutelle des mineurs ne forment au moyen-âge qu'une seule et même doctrine. Philippe de Valois abroge en 1330 une ancienne coutume répandue dans toute la France, qui voulait que toute contestation avec un mineur fût suspendue jusqu'à sa majorité. Le roi ordonne qu'il lui soit nommé un tuteur pour le repré-

---

[1] Code matrimonial, I, 108. — [2] Ibid. — [3] Ibid. — [4] Ibid. — [5] Ibid.

senter dans le cours du procès [1]. De ce moment, aux gardiens ou baillistres, chargés jusqu'alors de gérer exclusivement les affaires des mineurs, sont adjoints des tuteurs [2]. En 1377, Charles V, alors lieutenant-général du royaume durant la captivité du roi Jean, établit par une ordonnance, que les fils qui se trouveraient encore sous la puissance paternelle ne pourront être nommés consuls dans la ville de Lavaux [3]. Au mois de février 1366, autre ordonnance qui permet aux fils des chapeliers de Paris de succéder directement à la maîtrise de leurs pères, et de s'adjoindre des compagnons [4]. Les obligations imposées aux vicomtes de Normandie, relativement aux mineurs, sont réglées par une ordonnance du même roi, de 1366, qui statue qu'au moment où le vicomte apprendra que le mineur est venu sous la garde du roi, il doit se transporter sur les lieux où sont situés les biens du mineur, et s'enquérir de leur quotité. Ensuite il les afferme au plus offrant, à la charge d'entretenir les bâtiments en bon état, de fournir aux besoins du mineur, et de payer le restant des fermages en argent comptant [5]. Les biens ne peuvent être affermés, ni à des nobles, ni à des avocats, ni à des prêtres, ni autre personne, dont l'influence pourrait empêcher la surenchère [6]. Quand finit la minorité, l'administration est soumise à l'examen de la chambre des comptes [7]. A St.-Omer, d'après une ordonnance du roi Jean II, les biens dévolus au

[1] Ordonnance, II, 63. — [2] Ibid., 64. — [3] Ibid., III, 190. — [4] IV, 703. — [5] Ibid., I. — [6] Ibid. — [7] Ibid.

mineur par succession ne sont livrés au tuteur qu'après le consentement des échevins de la ville, qui peuvent, s'ils le jugent à propos, les retenir jusqu'à la majorité du pupille[1]. A Tournay, les échevins sont autorisés, par une ordonnance de Charles V, à vendre, au besoin, les biens du mineur, pourvu toutefois qu'ils aient au préalable, consulté les parents, ou à leur défaut, des hommes sages, et que la vente ait lieu aux enchères publiques[2].

La faculté accordée aux enfants des ouvriers, de pouvoir arriver à la maîtrise, de préférence à d'autres personnes, ne se restreint pas au cas dont nous venons de parler. Ainsi, une ordonnance de Charles V, porte que les enfants des deux sexes des boulangers d'Arras seront dispensés de la taxe ordinaire de sept sous, et même que les filles pourront en exempter leur mari. De même, le fils ou la fille d'un *maître coustier* de Paris, n'est point tenu de payer la taxe imposée à ceux qui veulent entrer dans la corporation[3]. Le fils d'un boucher de Paris peut entrer de plein droit dans la corporation de son père[4]; et le fils d'un drapier de Rouen est seul libéré de la taxe imposée aux autres ouvriers, par une loi de janvier 1378[5]. Sous Charles V, de semblables priviléges ont été accordés aux fils et aux filles de plusieurs autres artisans de Rouen et des autres villes de Normandie. On leur a même fait remise du droit de la Hanse perçu dans plusieurs autres lieux[6].

[1] Ordonnance, IV, 254.— [2] Ibid, 594. — [3] Ibid., V, 548. — [4] Ibid., I, 595.— [5] Ibid., V, 567. — [6] Ibid., VII, 416, 417, 557, 558.

Il nous serait facile de multiplier les citations de ce genre, si nous pouvions espérer par là de répandre plus de clarté sur l'ensemble du sujet, et de faciliter l'appréciation de l'esprit général des ordonnances. Mais tout ceci ne renferme guère que des additions successives aux dispositions du droit coutumier, ou la confirmation de ce qui est établi. On ne saurait y voir un ensemble de lois systématiques, ou une opposition raisonnée au droit romain ou au droit coutumier. La doctrine de la puissance paternelle et de la garde est très-restreinte dans ses dispositions, pour obvier aux obstacles apportés à l'exercice de la puissance royale, par la trop grande multiplicité des prescriptions des coutumes.

En ce qui concerne le droit de succession, comme dans les autres parties du droit de famille, il ne saurait être question ici que de certaines institutions, ou de certaines modifications spéciales apportées dans les coutumes. En 1105, Philippe Ier, dans un édit daté de Paris, ordonna que les biens-meubles des évêques seraient dévolus à leurs remplaçants, et non point à leurs héritiers [1]. Philippe de Valois, dans une ordonnance de 1347, défend aux juges de Lyon de forcer les héritiers à recevoir des quittances de testament (*testamentorum quittationes*) [2]. Dans des lettres - patentes de Charles V au comte de Nevers, en 1556, il est statué, que si les héritiers ne se présentent pas dans l'an et jour pour prendre possession d'une succession, elle

[1] Ordonnance, I, 3. — [2] Ibid., II, 259.

sera dévolue au comte à titre de biens vacants [1]. La succession d'un fils, marié et décédé sans enfants, appartient aux ascendants qui la partagent avec les frères et sœurs du défunt; à défaut d'ascendants et de frères et sœurs, l'hérédité est dévolue aux plus proches parents; cette ordonnance date du règne de Jean II. Une autre ordonnance du même roi règle l'ordre de succession pour la commune de Joinville. La propriété des meubles et des immeubles du défunt appartient aux plus proches héritiers, c'est-à-dire à ceux qui peuvent prouver leur parenté. La parenté est admise jusqu'au cinquième degré, sans distinction de ligne, et alors même que les héritiers ne seraient point nés dans la ville, il suffit qu'ils l'aient habitée pendant un an et un jour, avec intention d'y fixer plus tard leur domicile [2]. Dans un édit, concernant la ville de St.-Omer, en Flandres, il est dit que tout co-héritier est tenu de réclamer sa part dans l'an et jour, à compter du décès. S'il était absent à l'ouverture de la succession, et si ses co-héritiers prétendent que sa part lui a été livrée, le réclamant devra prouver la fausseté de cette assertion par le témoignage de cinq échevins [3]. Dans un édit de 1350, il est enjoint au bailli de la ville de Grenade, au cas d'absence des héritiers, de dresser un inventaire de la succession, et si après l'an et jour, aucun d'eux ne se présente, les consuls de la ville livreront la totalité de la succession au roi et à l'abbé de Grand-Selve [4]. Dans la ville de Chau-

---

[1] Ordonnance, III, 118. — [2] Ibid. IV, 297. — [3] Ib., 250. — [4] Ib., 21.

mont, en Bassigny, l'héritage est dévolu aux plus proches parents jusqu'à la quatrième génération [1]. Dans la commune de Mailly-le-Château, en cas d'absence des héritiers, les biens de la succession sont gardés en dépôt par les habitants pendant un an et un jour ; après ce délai, ils sont dévolus au seigneur [2]. Par une disposition contraire, Charles V défend à la cour et aux gentilshommes du Dauphiné, de faire de leur propre autorité, dresser l'inventaire d'une succession, sans en avoir été requis par les héritiers [3]. Le délai fatal d'un an et d'un jour, dont nous venons de parler, paraît avoir été généralement adopté, car nous le rencontrons dans la plus grande partie des coutumes de France. Les biens des bourgeois d'Auxerre sont soumis aux mêmes règles de dévolution, et à défaut de comparution des héritiers dans le délai fixé, ils sont adjugés au seigneur comme biens caducs [4].

Les dispositions du droit de succession, tel qu'il est établi par les ordonnances, sont d'une nature aussi variée que celles qui ont trait au mariage et à la puissance paternelle. Elles présentent en général, le signe caractéristique du moyen-âge, c'est-à-dire qu'on ne saurait espérer d'y rencontrer des principes généraux applicables à tous les lieux et à toutes les circonstances ; ce ne sont guère que des actes isolés qui signalent l'intervention du pouvoir royal dans les diverses localités. Ainsi, par exemple, une ordonnance de Charles VI

---

[1] Ordonnance, V. 601. — [2] Ibid., 747. — [3] Ibid., 50. — [4] Ibid., VI, 420.

statue qu'en Briançonnais, les plus proches parents succèdent aux biens, sans distinction de ligne et de sexe, de noblesse et de roture, d'aleu ou de fief, qu'il y ait eu un testament, ou que le défunt soit mort intestat [1]. A Dommart, la loi permet au fils d'un bourgeois de se mettre en possession de l'héritage paternel, sans qu'il soit besoin de recourir aux tribunaux [2]. A Cyrieu, l'héritage doit, comme nous l'avons dit plus haut, être conservé pendant un an et un jour aux héritiers absents [3]. Si un marchand étranger vient à décéder au même lieu, de semblables dispositions sont prises à l'égard des objets de sa succession [4]. A Montolieu, une fille établie par ses père et mère, perd le droit de concourir à leur succession avec des enfants mâles, à moins qu'elle n'ait à réclamer une donation entre-vifs ou un legs, ou qu'il n'ait été expressément stipulé par le testateur, que son testament doit servir de règle quant au mode de division de l'hérédité [5]. A *Bourray* et à la *Cumoigne* si un bourgeois meurt sans enfants, ses meubles et ses acquêts sont dévolus aux ascendants, et à leur défaut aux plus proches parents; quant aux immeubles ils appartiennent exclusivement aux plus proches parents de la ligne d'où ils sont venus [6]. A Vienne il est interdit au juge de mettre les scellés sur la succession du défunt, s'il laisse des héritiers majeurs, de proches parents ou une veuve, à moins toutefois que cette opération ne soit requise par

[1] Ordonnance, VII, 723.— [2] Ibid., 592. — [3] Ibid., 312. — [4] Ibid. — [5] Ibid., 503.— [6] Ibid., 545.

les héritiers eux-mêmes ou toute autre personne se disant fondée en droit, avec promesse de payer les frais [1]. Charles VI, dans un acte destiné à confirmer les priviléges du comte de Lautrec, permet à ses vassaux de disposer de leurs biens par testament, en se conformant aux usages des pays de droit écrit [2]. La même ordonnance s'applique aussi aux habitants de *Villeneuve de Coynau*. Une autre ordonnance réglant le mode de dévolution des biens dans la famille de Raymond, de Montauban en Dauphiné, établit que les biens que les Montauban tiennent en fiefs du Dauphin, seront dévolus à leurs héritiers testamentaires, et que s'ils meurent intestats, leurs enfants, mâles ou filles, légitimes ou bâtards arriveront à la succession, et le partage s'effectuera de la même manière que s'il s'agissait de biens allodiaux [3]. Le dauphin Humbert II, dans une charte octroyée aux habitants de Saint-Marcellin, leur permet de tester efficacement, et ordonne qu'à défaut d'enfants leurs biens seront dévolus aux plus proches héritiers [4]. Louis VIII, dans des lettres patentes qui confirment l'affranchissement des droits de main morte, accordé aux habitants de *Bourges* et de *Dan-le-roi*, comprend sous la dénomination d'héritiers légitimes les fils et filles, petits-fils et petites-filles, frères et sœurs et autres parents (*quoscumque cognatos*) du défunt [5]. On rencontre souvent des ordonnances qui ont pour but de confirmer les dispositions du droit écrit ou de certaines coutumes. Ainsi Philippe VI,

---

[1] Ordonnance, VII, 431. — [2] Ibid., VIII, 35. — [3] Ibid., IX, 57. — [4] Ibid., 388. — [5] Ibid., 321.

en 1332, ordonne que dans la baronie de *Mirepoix*, les successions seront à l'avenir réglées d'après le droit écrit [1]. La même ordonnance s'applique aux terres de Roger Bernard de Lévis et à la sénéchaussée de *Carcassonne* [2]. Dans d'autres lieux au contraire, comme à *Montdidier* et *Bergerac*, on devra suivre le droit coutumier [3].

Sous Louis XI le droit de succession réglé jusqu'alors par des dispositions à peu près semblables à celles des coutumes, subit une véritable transformation. Les droits de mutation exigés pour la vente des biens fonds sont annulés [4]. Le même roi par un édit du 23 juin 1464, prohibe la levée des droits éxigés par le pape sur les successions des ecclésiastiques décédés. Après s'être plaint de ces exactions de la cour de Rome, Louis IX s'appuie sur des arrêts du parlement et des ordonnances précédentes prohibant la levée de semblables taxes, qui n'en ont pas moins été payées jusqu'ici par crainte des excommunications, censures ecclésiastiques ou autres peines. La prohibition se trouve réitérée dans l'édit dont nous parlons. Le roi menace les collecteurs de confisquer les biens et de retenir les sommes déjà payées sur les revenus de tout le clergé de France [5]. Sur une requête des habitants de Toulouse, à l'effet de représenter au roi, qu'ils ont éprouvé de grandes pertes, par suite de mortalité, incendies et inondations, et que les étrangers refusent de s'établir

---

[1] Ordonnance, XII, 14. — [2] Ibid. — [3] Ibid., 200, 537. — [4] Ibid., XVI. — [5] Ibid., 217, 218.

dans leur ville par crainte du droit d'aubaine ; Louis XI permet à ces derniers de disposer de leur fortune par testament ou autrement, de la même manière que les sujets du royaume [1]. Un semblable privilége est accordé en 1472 aux étrangers habitant la ville de Bordeaux [2].

Aux ordonnances des rois de France, nous pourrions ajouter comme sources du droit, les arrêts rendus par les diverses cours du royaume, et surtout le parlement, arrêts qui se fondent sur les coutumes, sur le droit écrit et sur les ordonnances elles-mêmes. Mais cette nouvelle source du droit ne commence à acquérir quelque importance qu'à la fin du moyen-âge, c'est-à-dire au commencement du dix-septième siècle sous le règne de Henri IV. Quelle que soit la richesse de ces nouvelles sources du droit français, comme elles sortent des limites que nous nous sommes tracées, il nous suffira de les mentionner ici sans pénétrer plus avant dans la matière.

Après avoir ainsi parcouru les diverses phases de développement du droit de famille et de succession, nous allons revenir sur nos pas pour embrasser d'un regard l'ensemble du caractère français, le dégager des éléments hétérogènes, et arriver par induction à nous frayer une route vers une appréciation raisonnée du génie du peuple. De nos jours, s'est opéré en France un grand changement dans la manière d'envisager et d'écrire l'histoire : on commence à s'élever aujourd'hui

---

[1] Ordonnance, XVII, 478, 479. — [2] Ibid., 324, 325.

contre la fausse couleur imprimée à la physionomie des temps passés par les récits vides et frivoles de l'historien de cour, Velly, dont la gloire éclipsa long-temps les travaux bien supérieurs de Mézeray et de Daniel [1]. A la tête de cette réaction moderne viennent se placer quatre noms : Thierry, Guizot, Sismondi et Michelet. Ces quatre historiens ont employé toute cette énergie d'activité qui distingue notre siècle, à tracer le tableau des tendances diverses et isolées du moyen-âge ; ils se sont élevés avec force contre cette unité factice, sous laquelle on rangeait les temps antérieurs au moyen-âge, tableau mensonger que l'on décorait du nom de France, alors même que le moyen-âge étalait aux yeux l'immense variété de ses institutions rivales ; alors même que ces institutions étaient encore ensevelies dans le néant. *Thierry* [2], dans ses lettres si remarquables, a déjà victorieusement démontré ce qu'il y avait de faux dans cette méthode historique, qui voit la France entière dans les peuplades frankes, qui, négligeant de tenir compte des éléments impor-tés du Sud, oublie que jusqu'au commencement du treizième siècle les bornes de l'empire frank ne dé-passaient pas l'Isère, et que dans les pays de la lan-gue d'*oc* et de *no*, la langue d'*ouy* et de *nenny* se comparait aux aboiements d'un chien ; méthode su-perficielle qui ne se rend pas compte de la véritable signification de ce qu'on appelle les quatorze siècles de

[1] Thierry, Lettres sur l'hist. de France, p. 20 et suiv. — [2] Ibid., p. 80, 81, 97, 99, 198.

la monarchie française, et qui ignore qu'une histoire de France dans la juste acception du mot, ne saurait commencer avant la troisième dynastie. La question de savoir en quoi consiste la personnalité française et quel est son caractère distinctif, a été traitée à fond, dans l'excellente histoire de *Michelet* [1]. Nous ne sommes plus au temps où il fallait choisir entre deux systèmes et se déclarer partisan exclusif du génie indigène ou des influences extérieures [2]. Il est évident que les Français ne sont plus les vieux Gaulois : on chercherait en vain parmi nous ces grands corps blancs et mous, ces géants enfants qui s'amusèrent à brûler Rome. D'autre part, le génie français est essentiellement distinct du génie romain et germanique ; ils sont impuissants pour l'expliquer [3]. La base originaire, celle qui a tout reçu, tout accepté, c'est cette jeune, molle et mobile race des Gaëls, bruyante, sensuelle et légère, prompte à dédaigner, avide de choses nouvelles. Plusieurs races sont venues tour à tour s'implanter sur cette base, les Ibères des Pyrénées, les Kymrys du Nord, les Grecs, les Romains, enfin les Allemands. Mais, de même que l'huile et le sucre se composent des mêmes principes chimiques, de même la France s'est formée de ces éléments ; de là ce mélange vivant et actif, résultat victorieux, susceptible de transformation et de développement [4]. C'est la France elle-même qui a uni, fondu, dénaturé ces éléments, et qui en a

---

[1] Michelet, Hist. de France, I, 11. — [2] Ibid., 128. — [3] Ibid., 129. — [4] Ibid., 133.

tiré la France actuelle par un mystérieux enfantement mêlé de nécessité et de liberté, et dont l'histoire doit rendre compte [1]. La langue elle-même ne repose pas seulement sur des bases d'origine latine; et par suite de la ressemblance frappante de cette dernière langue à l'idiome celtique, il serait difficile de pouvoir affirmer à laquelle des deux se rattache tel ou tel mot. Que plus tard la langue française ait mieux aimé se recommander de ses liaisons avec la langue latine, rien de plus naturel; c'est la préférence accordée au vainqueur sur le vaincu [2].

On ne saurait nier que les conséquences variées d'un principe, alors même qu'il est réduit au néant, ne puissent exercer une influence réelle sur l'ensemble du caractère d'un peuple. Aussi est-on forcé de reconnaître que la base gallique originaire, encore qu'elle ait accepté toutes les races qui sont venues s'y adjoindre tour à tour, a dû conserver encore quelque chose de l'élément efféminé qui la distingue. Quelques traits caractéristiques observés déjà par César chez les Gaulois, comme la mobilité et l'agitation perpétuelle du peuple, son amour pour les combats, et les discordes sans cesse renaissantes se retrouvent encore aujourd'hui chez les Français. Mais si l'élément gallique a su résister long-temps aux efforts de la destruction, comme sa vie fut toute individuelle, toute végétative, son influence fut nulle et ne put jamais s'imposer au monde : aussi, je m'empresse d'applaudir ici à cette compa-

---

[1] Michelet, I, 154. — [2] Ibid., 140.

raison si judicieuse de Michelet [1], assimilant la race celtique au peuple juif, qui n'ayant qu'une idée l'a donnée aux nations, mais n'a presque rien reçu d'elles, qui est toujours resté lui, fort et borné, indestructible et humilié, ennemi du genre humain, et son esclave éternel. Il n'est point de science, quelle que soit la facilité de son application, qui soit capable d'arrêter la ruine du génie d'un peuple ainsi immobilisé, et de faire couler un baume réparateur sur les masses alors qu'elles sont arrivées à ce point de pétrification. Les efforts tentés pour raviver l'idiome gallique en Angleterre, en Ecosse et en Irlande, les travaux scientifiques pour remettre en lumière la langue primitive de la Bretagne, et les associations pour la propagation du dialecte bohémien, ne parviendront jamais à ranimer un génie éteint, qui, par cela même qu'il a perdu tout principe d'activité et d'énergie, ne peut plus avoir qu'une importance purement historique, et imprime un cachet de mort aux œuvres destinées à lui rendre la vie.

En exposant l'histoire du Droit français, nous n'avons pas cru devoir nous arrêter à l'opinion de Grosley qui assigne aux coutumes une origine gauloise : et même, nous n'oserions adopter sans restriction, cette donnée qui fait remonter à la même source ce trait caractéristique du peuple français actuel, l'amour de l'égalité, qui le distingue éminemment des autres races germaniques [2]. Cette tendance à l'égalité nous

---

[1] Michelet, 147. — [2] Ibid., 149.

semble bien plutôt un résultat de la fermentation intérieure du moyen-âge, encore que nous ne puissions dissimuler que la mobilité originaire des Gaulois ait pu fournir à cette tendance un aliment qu'elle n'aurait pas rencontré chez les autres peuples. Si nous avons donné au Droit français l'épithète de *romano-germanique*, c'est que l'histoire de toutes les nations européennes au moyen-âge nous paraît dominée par le principe germanique, quelles que soient d'ailleurs les modifications subies par ce même principe. En Italie, en Espagne, en Portugal, l'élément germanique se superpose à l'antique base romaine, la modifie, et est quelquefois modifié par elle. En France, l'esprit germanique est plus vif, plus actif, plus envahisseur, et le droit coutumier qui est sa création, s'étend non seulement au nord, mais encore dans la partie centrale du royaume. Le droit romain reste stationnaire au midi, et ne se permet de franchir les limites géographiques qui lui sont assignées, qu'en se présentant à titre de raison écrite. Ce principe germanique peut encore être désigné sous le nom de principe de subjecivité, car ce qui le distingue, c'est de baser sur l'élément subjectif toutes les parties du corps social, l'état, la famille et même l'église. Michelet [1] parle de la profonde impersonnalité du génie germanique, qu'il attribue à l'influence du nébuleux mysticisme de la philosophie et de la théologie allemande. De là, dit-il, cet élan spontané qui entraîne les Gaulois à la suite de César, et

[1] Michelet, 1, 171.

qui fait le fonds du caractère des autres nations barbares [1]. Cette opinion nous paraît controversable, et il
est important, selon nous, de ne pas confondre ce mysticisme obscur, tel qu'il se rencontre chez les peuples
de l'orient, avec les théories nuageuses dont s'enveloppe la philosophie allemande. Le mysticisme allemand n'est autre chose que le produit d'une subjectivité exclusivement occupée d'elle-même. Ce qui fait la
profondeur de cette philosophie, c'est que l'élément
subjectif tend à sortir du tombeau de la pensée pour
mettre au jour de brillants tableaux, fruits d'un labo-
rieux enfantement, sans rien perdre pour cela de sa
naïveté primitive. Tous les peuples méridionaux,
toutes les nations romaines et quasi-romaines ont
montré plus de résolution, plus d'aptitude à agir ou
si l'on veut plus de personnalité que les peuples germaniques. Mais cet avantage, ils l'ont chèrement
acheté en se dépouillant de leur subjectivité [2]. De telle
sorte, qu'ils ont perdu leur caractère historique et social, pour s'être trop empressés d'arriver aux froides
régions du rationalisme.

Quel est maintenant le trait caractéristique, qui,
sous le point de vue du développement politique, des
arts et surtout du droit, distingue la France de ses
deux sœurs, les nations romaine et germanique?
D'abord quant à la première, la France a sur elle l'a-

---

[1] Michelet, I, 170. — [2] L'ingénieux Michelet lui-même reconnaît
cette vérité, quand il dit : (I, 349) Ceux-ci, les vrais Germains,
viennent demander compte aux Germains bâtards, qui se sont faits
romains, et s'appellent empire.—

vantage de pouvoir combattre l'action engourdissante du principe romain par l'influence contraire du principe germanique si fortement empreint d'une vie subjective. Ainsi, richement dotée de la faculté toujours nouvelle d'agir sur les masses par la pensée, elle a pu s'ouvrir une route vers les transformations politiques. *Amour du progrès, haine au stabilisme,* telle est la formule magique qui enfante des développements jusqu'alors inconnus, et dans un but atteint, montre toujours un but à atteindre. La France se distingue des peuples du nord, en ce qu'elle a pu corriger les élans incertains du génie germanique, par la fusion de l'élément formel romain essentiellement doué d'un caractère de netteté et de précision. Le Français n'aime guère à s'égarer au milieu des épais brouillards des rêveries allemandes. S'il agit, son point de départ est toujours une réalité, son but, il l'aperçoit devant lui, laissant à d'autres la tâche de scruter les mystères du possible. Sa législation n'est point vaste, mais aussi elle n'est point hypothétique. A lui l'initiative dans l'histoire du monde, parce qu'il ne se contente pas d'attendre et de souffrir; mais parce qu'il pense, et qu'après avoir pensé, il agit.

La France n'est pas seulement un principe germanique dominant le principe romain, elle n'est pas seulement un élément germanique enduit d'un ciment romain, elle est mieux que tout cela; *elle est une.* Elle n'est point, suivant l'ingénieuse observation de Michelet, un empire comme l'Angleterre, un pays et une race comme l'Allemagne, elle est une personne.

Cette force d'assimilation et de centralisation, cette transfiguration du nord par le midi, cette animation du midi par le nord, ne sont pas exclusivement l'œuvre des temps modernes; leur origine date des premiers jours de ce moyen-âge si riche, si fécond, et lorsque Comines dit de Louis XI qu'il voulait doter la France d'une même loi, d'un même poids et d'une même mesure, il ne fait qu'annoncer au monde, trois siècles trop tôt, le Code Napoléon et les institutions issues de la révolution française. Le même but a réuni les efforts d'Henri IV, de Richelieu, de Louis XIV, de la révolution et de Napoléon : l'avenir seul peut nous apprendre quelles riches ramifications doit enfanter à son tour cette colossale unité.

Si la France d'aujourd'hui met en oubli sa vieille législation du moyen-âge, dédaigne ses coutumes sans les avoir lues, et néglige de profiter de ses antiques trésors, si la France nous semble un instant languissante et fatiguée de sa marche, gardons-nous de considérer cette halte comme un résultat historique. La France du passé n'est plus, la France nouvelle n'est pas encore. Les phénomènes qui frappent nos yeux ne sont que des produits variés et passagers de la riche nature; plus tard, le souffle du génie viendra ranimer l'étincelle, et la masse, inerte en apparence, s'embrasera d'un nouveau feu, duquel surgira un nouvel avenir.

FIN.

TABLE DES MATIÈRES.

FIN DE LA TABLE.